Kurt Hennig

Gottes Wort – Geleit im Sterben

Zum Dienst an Schwerkranken und Sterbenden

Quell Verlag Stuttgart

1. Auflage 1984
2. Auflage 1985

ISBN 3-7918-2165-2

Umschlaggestaltung: Heinz Simon, Quell Verlag Stuttgart
Satz und Druck: Quell Verlag Stuttgart

Inhalt

Vorwort

Über das, was Seelsorge in der Kirche sei und wie sie der Sache der christlichen Kirche entsprechend heute getrieben werden solle, gehen die Auffassungen erheblich, zum Teil diametral auseinander. Es hat keinen Sinn, um diese Gegensätzlichkeiten herumzureden. So geht auch diese kleine Schrift auf meinen Beitrag zu einer kontrovers geführten Diskussion im Rahmen der letzten Tagung der 9. Württembergischen Evangelischen Landessynode Ende November 1983 zurück. Freilich steckt dahinter auch ein gewisses Fazit der eigenen seelsorgerlichen Bemühungen in den über fünfzig Jahren seit meiner Ordination, insbesondere solcher an Kranken- und Sterbebetten, und hier wieder besonders der letzten sechs Jahre des Seelsorgedienstes in einem etwas sehr groß geratenen Feierabendzentrum, das unter seinen 520 Plätzen allein für die Pflegeabteilungen und die hauseigene geriatrische Klinik rund 250 Betten aufwies.
Wenn die christliche Seelsorge — und davon geht diese Schrift aus — ein Stück der Verkündigung, der Predigt der Kirche Jesu Christi ist, dann darf ihre Darstellung auch ein literarisches Vorrecht der Predigt für sich in Anspruch nehmen: daß sie die mitbenutzten Quellen anderer Autoren nicht durch Zitate und Stellenangaben ausweist. Das schließt aber nicht aus, sondern ein, daß ich in diesem Vorspann einige der Bücher und Ratgeber nenne, in deren Spuren gegangen zu sein einem Autor wohl ansteht. Ich nenne dabei besonders Paul Althaus, Die letzten Dinge (Gütersloh 1933), die

zweibändige Theologie des Alten Testaments von Gerhard von Rad (München 1962 und 1968), Erich Schick, Heiliger Dienst (Berlin 1936), die Handreichung für den seelsorgerlichen Dienst der Lutherischen Liturgischen Konferenz (Berlin 1958) und die Handreichung zu Fragen der Pastoralpsychologie und Gruppendynamik der Evang. Landeskirche in Württemberg (Stuttgart 1980), aber auch Hans Bender, Zukunftsvisionen, Kriegsprophezeiungen, Sterbeerlebnisse (München, Zürich 1983).
Besonders dankbar bin ich aber im Sinne von Maleachi 3, 24 meinem Sohn Gerhard Hennig für seine Veröffentlichungen und für manchen persönlichen Rat (u.a. »Stärkt die Seelen«, Stuttgart 1981) und meinem Schwiegersohn Oswald Bayer (Luther-Aufsätze, Vorträge usw.). Wenn dies dem Leser nicht im einzelnen durch Belegstellen erkennbar gemacht wird, so bleibt dieser »Schaden Josephs« (Amos 6, 4) wenigstens in der Familie.

Esslingen, März 1984 *Kurt Hennig*

Drei Anmerkungen

1. Diese Schrift wendet sich nicht nur an Seelsorger im kirchlichen Pfarramt. Sie möchte vielmehr allen denjenigen dienen, die als Christen an Kranken- und Sterbebetten treten wollen.
2. Segensworte und liturgische Voten (z.B. der Valetsegen) sind meist nach der im Vorwort erwähnten Handreichung der Lutherischen Liturgischen Konferenz zitiert.
3. Die sonst in Agenden usw. im Druck übliche Unterscheidung: er (sie), ihm (ihr), dieser unser Bruder (diese unsere Schwester) usw., wurde bis auf wenige Ausnahmen für überflüssig erachtet. Die entsprechende Anrede ergibt sich von selbst.

Das Rätsel des Todes

Wir wissen nicht, was der Tod ist. Kein Lebender hat den Tod je gesehen. Ihn auch im Sterben, richtiger: nach dem Sterben nicht sehen zu müssen wie Henoch einst (Hebr. 11, 5), das ist Inbegriff und Höhe aller Verheißungen des lebendigen Herrn: »Wahrlich, wahrlich, ich sage euch: So jemand mein Wort wird halten, der wird den Tod nicht sehen ewiglich« (Joh. 8, 51). Daß wir aber im Sterben den Tod bereits »schmecken« werden, die Bitterkeit des Todes (1. Sam. 15, 32) auf der Zunge spüren, das bekundet die Heilige Schrift oft genug, gerade auf dem Hintergrund des unfaßlichen Gegenteils, nämlich der Verheißung des kommenden Lebens in Jesus Christus (Hebr. 2, 9; Mark. 9, 1; Joh. 8, 52). Aber gesehen hat ihn noch kein Lebender. Das Rätsel des Todes ist so unbegreiflich wie das Wunder des Lebens.

Man bemüht sich heute, die Wissenslücke um den Tod auszufüllen. Nicht erst heute natürlich. Die früher noch üppiger umlaufenden Berichte von Erscheinungen Verstorbener, Beschwörungen Toter, Begegnungen oder gar Gesprächen mit den Geistern Abgeschiedener geben den modernden Nährboden ab für die heutigen Versuche, die Grenze des Sterbens zu durchstoßen. Das reicht von den uns heute bücherweise angebotenen und sicher ernstgemeinten Gesprächen mit Sterbenden bis hin zu teils beunruhigend sachlichen, teils makabren Mitteilungen Reanimierter, also solcher Menschen, die klinisch eigentlich schon tot waren, die aber aus dem äußersten Grenzbereich zwischen Leben und Sterben durch medizinische Apparaturen für diesmal noch ins Leben zurückgeholt worden sind. Es ist nicht die Aufgabe der vorliegenden kleinen Schrift, diese Bekundungen, Ergebnisse, Vermutungen kritisch zu sondieren; das wäre ein ganz anderes Thema als das der Seelsorge an Sterbenden und Schwerstkranken. Es genügt, festzuhalten, daß diese Beobachtungen alle noch zum Bereich des Sterbens gehören. Den Bereich des Todes hat damit noch niemand betreten oder gar in beiden Richtungen (!) begehbar gemacht. Aus dem »irreversiblen Koma«, wie der Tod in der medizinischen Wissenschaft manchmal in ehrlicher Verlegenheit umschrieben wird, erreicht uns keine Kunde.

Das gilt gerade auch für angebliche oder — lassen wir das ruhig als eine verwirrende Möglichkeit einmal offen — tatsächliche Gespräche mit Verstorbenen. Sobald man solche Schilderungen näher ansieht, handelt es sich eigentlich ausnahmslos um Kontakte mit jüngst Verstorbenen, die nach einiger Zeit, meist nach kurzer Zeit abbrechen. Auch die regelmäßig kronzeugenartig herangezogenen Gespräche des elsässischen Pfarrers Oberlin mit seiner verstorbenen Frau hörten nach einiger Zeit auf. Es ist eben zweierlei Ding: ob ein Mensch im Sterben und auch verstorben oder ob er »im Tode« ist. Das würde sich sogar mit der schwerwiegenden, fast barschen Äußerung des medizinischen Sachverständigengutachtens berühren, das ein berühmter Professor dieses Gebietes in einem Mordprozeß abzugeben hatte: »Wenn ein Mensch tot ist, ist eben noch nicht alles tot.« Das Rätsel des Todes ist groß.

Weiß die Bibel mehr?

Was sagt die Heilige Schrift über den Tod? Die biblischen Aussagen über den Tod — soll man von einer biblischen Thanatologie, einer biblischen Lehre vom Tode sprechen? — sind weitgefächert, aber in all ihrer Vielfalt jeglicher Verklärung des Todes abhold. Sie sind ein konsequentes Zeugnis von der kalten Feindseligkeit des Todes gegenüber dem Menschen. Sein Rätsel und unsere Ohnmacht werden auch dadurch nicht geringer, daß die Heilige Schrift zum einen den Tod als Gerichtselement in der Hand Gottes aufzeigt (z.B. Ps. 90,7; Röm. 6,23) und zum anderen dem Glauben die Augen dafür öffnet, wie der Tod in einer widergöttlichen Verselbständigung seiner ihm übertragenen Herrschaft über alle Menschen zu dem »letzten Feind« wird, den erst der auferstandene Herr selbst niederkämpfen und in seinen Sieg »verschlingen« wird (1. Kor. 15,26 und 55).

Entscheidend bleibt für die Kirche in allen Glaubens- und Lebensfragen: daß allein die Heilige Schrift Grund und Norm aller Dinge ist und daß der Glaube verbindliche Weisung und gültige Erkenntnis nur aus dem biblischen Wort Gottes erwartet. Das gilt auch für die Fragen des Sterbens und des Todes.

Andere Zeugnisse über den Tod und über ein »Danach« als die der Bibel stehen für den Glauben nicht im Blickfeld, ob sie nun im Bereich der medizinischen Reanimationsversuche oder der Parapsychologie angesiedelt oder ob sie (vorgebliche) okkulte Bekundungen aus einem Jenseits sind oder ob sie schlicht Ergebnisse spiritistischen Humbugs sind. Wie schon gesagt: Sie geben äußerstenfalls einen schemenhaften Blick in den langen (?) Vorgang des Sterbens frei, aber sie schließen die Tür zum Tod nirgends auf.

Um so dringlicher bleibt es, in der Spur des Wortes Gottes zu bleiben, wenn wir Antwort auf die letzten aller Fragen suchen und uns bemühen, sie denen nicht vorzuenthalten, die vor der Tür der Ewigkeit angelangt sind. Wir können dieser Spur in einer so kleinen Schrift nur mit wenigen Schritten folgen. Aber der Seelsorger am Sterbebett muß wissen, wo er festen biblischen und wo er — günstigstenfalls! — schwankenden halbreligiösen Boden unter den Füßen hat.

Der Tod im Alten Testament

Aus dem Alten Testament wird die Seelsorge im Angesicht des Sterbens gewiß sehr viel mittelbaren, aber wenig unmittelbaren Beistand empfangen, wenn es um den christlichen Trost nicht nur im Leben, sondern auch im Sterben geht. Das Alte Testament ist auch im Blick auf den Tod ein Zeugnis der absoluten Majestät und Heiligkeit Gottes. »Der HERR tötet und macht lebendig, führt hinab zu den Toten und wieder herauf« (1. Sam. 2,6). Das Sterben ist ein Majestätsakt Gottes, genau wie das Geborenwerden.

Und: Nach der Sicht des Alten Testaments trennt der Tod den Menschen von der Lebensgemeinschaft mit Gott; im Tode ist er fern von allem Lobpreis Gottes. Von einer »Todesgemeinschaft« des Frommen mit Gott ist im Alten Testament nicht die Rede. Am erschütterndsten bringt das wohl immer wieder Ps. 88,6.11-13 zum Ausdruck.

So rätselhaft es für den Glauben ist, daß die Bibel

Israels die Nacht des Todes nirgends erhellt, und so gern er statt dessen Luther folgen möchte, der die Verheißung des ewigen Lebens vom ersten Gebot an bis zu den Gebeten der Frommen und der Propheten auch im Alten Testament lehrt, so sehr wird der Seelsorger davon ausgehen müssen, daß ihm das Buch des Alten Bundes zumindest unmittelbar wenig Hilfe für seinen Dienst am Sterbebett gibt. Das früher auf Grabsteinen zu findende und in seinem Wortlaut gewiß tröstliche Wort aus Hiob 19,25: »Ich weiß, daß mein Erlöser lebt«, zeigt im Zusammenhang dieses Kapitels und des ganzen Hiobbuchs, daß es gerade nicht über das Leben und über das Sterben hinausweist. Und selbst der reiche Trost des Psalters zielt ja fast ausschließlich auf die Nöte des Lebens und nur ausnahmsweise auf den Trost im Tode. Der Grund dieser harten, geradezu gnadenlosen Grenzziehung zwischen den Lebenden und den Toten, die ihren Niederschlag in den kultischen Reinheitsvorschriften und dem strikten Verbot der Berührung mit einem Toten findet (z.B. 4. Mose 19,11-22; 3. Mose 21,1-4; 4. Mose 6,6-11) ist freilich wohl ersichtlich: Israel muß um des ersten Gebotes willen frei bleiben von jeder Art von Totenkult oder gar Totenbeschwörung (5. Mose 18,9-12; vor allem 1. Sam. 28,3-20a) und derlei Bannkreisen anderer Götter. Aber die Folgerung aus dieser konsequenten Intoleranz Jahwes gegenüber allen anderen Göttern und Götzendiensten war, daß gerade der Fromme des Alten Bundes die ganze Bitterkeit des Todes bis zur Neige empfand: Der Tod schied ihn von seinem Gott. Hier ist kein Platz für den unerhörten Trost des totalen Umbruchs im Neuen Bunde: Nichts »kann uns scheiden von der Liebe Gottes« (Röm. 8,38f.), hier ist der weite und glasklare Raum der Heiligkeit des HERRN.

Um so weniger darf vergessen werden, daß in den Spätzeiten des Alten Bundes, gewissermaßen an den äußersten Rändern des Alten Testaments nun doch da und dort etwas von dem auf- und dem Kommenden entgegenflackert, was als »Vorsignal« des Neuen Testaments gelten mag. Vielleicht ist der 49. Psalm (besonders V. 16) schon ein Übergang dazu. Sicher gehört das unvergleichliche Wort aus Ps. 73, 23-26 (»... und nimmst mich am Ende mit Ehren an«) hierher, ein Wort, das bei uns mit Recht seinen festen Platz am Krankenbett hat. Hierher gehören die Weissagungskapitel im Jesajabuch, besonders Jes. 25, 8 und 26, 19. Hierher gehört vor allem Daniel 12, 2 vom Aufwachen vieler (!) Entschlafener zum ewigen Leben und auch das wenig bekannte, weil apokryphe und doch spürbar vor der Tür des Neuen Bundes stehende Wort des alten Tobias: »Wir sind Kinder der Heiligen und warten auf ein Leben, welches Gott geben wird denen, die im Glauben stark und fest bleiben vor ihm« (Tob. 2, 17f.). Ganz am Ende des Alten Testaments klopft der Gedanke der Auferstehung an die Tür.

Tod und Auferstehung im Neuen Testament

Die Fülle dessen, was das Evangelium des Neuen Testaments für die Seelsorge an Sterbenden an die Hand gibt, wird nur so weit wirksam werden können, wie die Botschaft von der Auferstehung und vom Leben (Joh. 11, 25f.) als der wahren Mitte des Neuen Bundes den Seelsorger persönlich trifft, persönlich umtreibt, persönlich wieder aufrichtet. Denn nur, wer sich selbst immer wieder die Stunde vor Augen hält, in der er nicht mehr hinter einem Sarg einherschreitet, sondern selbst dort drin liegt, und nur, wer sich selber immer wieder aus Gottes Wort die Antwort auf sein eigenes »Und was dann?« geholt, erbetet hat, nur der hat ja wohl die innere Befugnis, anderen mit Gottes Wort sterben zu helfen. Ohne solche Selbstprüfung wird der Dienst des Seelsorgers kaum glaubwürdig sein können. Wo sie aber zum inneren Selbsterleiden führt, da führt sie auch zum spürbaren Mitleiden.

Es ist dann wohl auch kein Fehler, wenn der Mensch, der an einem Kranken- oder Sterbebett das oft schwere Trostamt der Kirche wahrnimmt, unter dem immer neuen Studium des Neuen Testaments etwas einsilbiger wird im Reden von der kommenden Herrlichkeit. Das farbenfrohe Ausmalen himmlischer Freuden und des bevorstehenden Gloria der Engel und der vollendeten Gemeinde ist allerdings heute wohl kaum mehr eine Gefahr. Man muß ja selber erst hindurch!

Darum ist es kein schwäbisches »G'schichtle«, sondern ein Exempel geistlicher Solidarität zweier Stillgewordener, die sich wohl verstanden haben, dieses Gespräch des altgewordenen Pfarrers am Krankenbett des altgewordenen Nachbarn. Der Seelsorger war schon lange Jahre im Dorf, und er kannte seine Gemeindeglieder alle gut — und sie ihn auch. Eigentlich kamen sie langsam, die Worte des Trostes, denn mit dem Nachbarn ging es wohl dem Ende zu. Da kommen die Worte nicht so flink, auch beim Pfarrer nicht. Aber er sagte dem Kranken Gottes Wort und daß der Herr dennoch gnädig und barmherzig sei und sich wie ein Vater über Kinder erbarme, und daß, »wer da lebt und glaubt an mich«, nicht im Tode bleiben werde und daß die Sache mit dem Himmel so zu verstehen sei, daß wir dann »bei dem Herrn sein werden allezeit«. Ja, und das sei wohl eigentlich die himmlische Herrlichkeit . . .

Der Kranke hatte gut zugehört; gewußt hatte er es so ungefähr schon immer. Dann sah er aber seinen Pfarrer an, der ihm das alles bedächtig und langsam gesagt hatte, und antwortete (man kann das bloß auf schwäbisch sachrichtig wiedergeben): »Herr Pfarrer, i mei', Se lobet's a'fange au nemme so!«
Die himmlische Herrlichkeit loben, die »dieser Zeit Leiden nicht wert sei« (Röm. 8, 18), das ist gewiß christlich und richtig. Aber sie lobt sich tapferer, mindestens leichter aus genügendem Abstand heraus, solange die anderen sterben, die Alten und so — und: solange einer mehr der christlichen Spur und etlichen Glaubenszeugnissen nach mitlobt und nicht so ausschließlich in der Spur des Neuen Testaments. Um diese Ausschließlichkeit geht es aber, gerade für den Seelsorger selber. Darum halten wir uns im Blick auf den Dienst an den Sterbebetten den Spiegel des Evangeliums vor, wenn wir uns an die Wegbegleitung derer machen, deren Weg wir auch bald gehen werden.
Also: Was sagt uns, was sagt gerade dem Seelsorger das Neue Testament zum letzten Kapitel unseres Lebens, dem Kapitel Sterben und Tod und Auferstehung der Toten und ewiges Leben? Wir versuchen, das Wichtigste in knappster Raffung in sieben Sätzen zusammenzufassen.
1. Vom Geheimnis des Todes und vom Wie des kommenden todfreien Lebens redet das Neue Testament trotz der zentralen Bedeutung der Auferstehung Christi und der Auferweckung der Toten nur sehr verhalten und fast immer in bildhafter Weise. Obwohl eben dieses Wie schon die ersten Christen dringend bewegte (1. Kor. 15, 35), gibt die Heilige Schrift durchweg Antworten in gleichnishafter Rede: im Bild vom zerfallenden und neue Triebe hervorbringenden Samenkorn (1. Kor.

15, 36-44), im Bild vom Entkleiden und Überkleiden (2. Kor. 5, 2.3) oder von der Hinrückung der Gläubigen in die Wolken (1. Thess. 4, 17), im Bild vom Brunnen des Lebenswassers (Joh. 4, 14; Offb. 21, 6 und 22, 1) oder in dem vom Buch des Lebens (Phil. 4, 3; Offb. 3, 5; 17, 8 und 20, 12), im Bild von der neuen, ewigen Stadt (Offb. 21, 2 - 22, 5), aber auch in dem von den Wohnungen im Hause des Vaters (Joh. 14, 2). Wir werden auch an einem Sterbebett und in der Seelsorge an der eigenen Seele nicht über das demütige Verharren in den Bildern hinauskommen. Nur nebenbei: Keinesfalls gehört hierher die Bildhälfte im Gleichnis vom reichen Mann und armen Lazarus, Luk. 16, 19-31, mit der spätjüdischen Vorstellung von den verstorbenen Gerechten im Schoße Abrahams. Dieses Gleichnis hat in seiner Sachaussage mit den Fragen von Sterben und Ewigkeit überhaupt nichts im Sinn! Sie zielt ausschließlich auf die alleinige Normativität der Heiligen Schrift: V. 29-31!

2. Der Tod ist nicht »Natur«, sondern Gottes Gericht. Darum weiß das Neue Testament von der Furcht vor dem Tod und von dem heimlichen Wunsch — auch des Christen —, nicht durch das Gericht des Todes »entkleidet«, sondern ohne Sterben mit dem Leben »überkleidet« zu werden (2. Kor. 5, 1-4). Was der Mensch ohne Gott als aussichtsloses Sinken ins Bodenlose, als einen letzten Ausgang ins gänzliche Nichts empfindet, das begreift der Christ als »der Sünde Sold« (Röm. 6, 23). Das ist nicht Gottes *letztes* Wort, aber auch das ist *Gottes* Wort. Der Tod ist nie nur Strafe, aber er ist *auch* Strafe, ist *auch* Gericht.

3. Der Tod ist nie nur Gnade, aber für den Glauben ist er auch das. Durch ihn hindurch führt Gott aus dem Sterben des alten Menschen in das neue Leben des

neuen Menschen. Diese Realität wird dem Glaubenden in der Heiligen Taufe zugesprochen, zugeeignet (Röm. 6, 3-5). Darum können Christen im Schrecken des Gerichts, der gerade auch sie anficht, »dem Herrn sterben«, in seine Hände fallen, obschon sie in den Tod gehen (Röm. 14, 8; Phil. 2, 17; 2. Tim. 4, 6).

4. Im Tod wird mein irdisches Ich völlig verwandelt (Phil. 3, 21). Das alte Ich zerfällt gänzlich — wie ein Samenkorn im Ackerboden (1. Kor. 15, 36 und 42). Der neue Halm ist zwar in allem ganz anders, ganz neues Geschöpf, aber dennoch steht er in einem unstrittigen und unaufhebbaren Zusammenhang mit dem einstigen Samenkorn, also mit meinem irdischen Ich. Auch bei dieser totalen Verwandlung in die totale Andersartigkeit bleibt es *mein* Name, der im Gericht aufgerufen wird. Mein ganzes Ich nach Leib und Seele (und Seele!) unterliegt dem Tod und danach der Verwandlung in der Auferweckung der Toten und dem Gericht. Ohne Jesus Christus bleiben Leib und Seele dem Gericht verfallen (Matth. 10, 28b).

5. Auferstehung der Toten gibt es nur durch Auferweckung der Toten (Röm. 8, 11). Unsterblich ist niemand und nichts, auch meine Seele nicht. Ohne das Wunder der Neuschöpfung durch Gott (2. Kor. 5, 17), durch den Gott, »der *allein* Unsterblichkeit hat« (1. Tim. 6, 16), gibt es keine Auferstehung der Toten und kein ewiges Leben. An diesem Zeugnis der Heiligen Schrift ändern auch diejenigen Bibelstellen nichts, die im Sinn einer selbständigen Unsterblichkeit der Seele verstanden oder auch mißverstanden werden könnten (z.B. Matth. 10, 28 oder Offb. 6, 9.10).

6. Ewiges Leben bedeutet im Neuen Testament nirgends so etwas wie konstantes Schlaraffenland mit himmlischen Chambres séparées. Die Freude der Voll-

endeten ist nur abgeleitet ihre eigene Freude; in ihrem Wesen und Kern ist sie »deines Herrn Freude« (Matth. 25,21). Ewiges Leben bedeutet: Anteil haben an Gottes Herrlichkeit (Röm. 5,2; 8,17f; 2. Kor. 3,18; 4,17; 1. Thess. 2,12; Hebr. 2,10), »Herrlichkeit« nun aber nicht im Sinn von glanzvoller Prachtentfaltung, sondern im streng biblischen Gebrauch (AT: kabod, NT: doxa). Hier ist jener unsagbare Gottesglanz gemeint, der Gottes Thron, Gottes Majestät verhüllt, in den aber dennoch seine vollendete Gemeinde eingehüllt, einbezogen wird. Man kann diese göttliche Herrlichkeit sachrichtig wiedergeben mit »Göttlichkeit«: »Wir sahen seine Göttlichkeit« (Joh. 1, 14). Dieses Einbezogensein in den unbeschreiblichen Gottesglanz ist es, was sich Paulus mit der Kategorie »bei dem Herrn sein allezeit« (1. Thess. 4,17) auszudrücken bemüht.

7. Dieses Teilhaben an der göttlichen Herrlichkeit nennt die Heilige Schrift Seligkeit, »das Evangelium von eurer Seligkeit« (Eph. 1,13). Seligkeit ist nach dem Neuen Testament durch den vollkommenen Frieden des Himmels (Offb. 21,24-26), die vollkommene Freiheit zum Lobpreis Gottes (Offb. 5,8-14) und die vollkommene Ruhe des Volkes Gottes (Hebr. 4,9) gekennzeichnet. Wobei anzumerken ist, daß von einer tatenlosen und unbewegten Ruhe des Volkes Gottes im Neuen Testament nicht die Rede ist, und auch nicht von einer himmlischen Gleichheit aller. Der »fromme und getreue Knecht« im Gleichnis (Matth. 25,21) wird im Himmelreich »über (!) viel gesetzt«. Er hat dort also eine hervorgehobene Aufgabe und er hat teil an einer himmlischen Hierarchie, in der es nach Jesu Wort »Größte« und »Kleinste« gibt (Matth. 5,19), ja innerhalb derer die einen mit Christus »herrschen« (2. Tim. 2,12), offenbar also über andere herrschen. Nur daß

dann alles von dem einen, entscheidenden Unterschied gegenüber diesem Erdenäon geprägt ist, daß in der Ewigkeit alle ihre — in den Aufgaben sehr uneinheitliche! — Seligkeit von ganzem Herzen loben und preisen (Offb. 5, 11-13; Phil. 2, 9-11; Joh. 5, 23). Denn diese Seligkeit ist die Erfüllung des Gebetes der Jahrtausende: Gott schauen zu dürfen (Matth. 5, 8; 1. Kor. 13, 12; Offb. 22, 4).
Ja, es bleibt dabei, daß vieles, daß das meiste nicht anders als in der Sprache der Bilder ausgesagt werden kann. Auch die Heilige Schrift kann nicht anders, als es in dieser Welt wie »durch einen Spiegel in einem dunklen Wort« auszudrücken (1. Kor. 13, 12). Das Geheimnis aber, an dem gerade auch die seelsorgerliche Begleitung auf der allerletzten Wegstrecke Anteil hat, ist dies: daß aus den Bildworten Trost fließt, daß auf dem gehorsamen Nachsprechen der großen Ewigkeitsgleichnisse Verheißung liegt, daß auch die Spiegelhaftigkeit Licht genug schenkt, um das große Dunkel durchschreiten zu können.

Seelsorge — eine Weise der Predigt

Wir haben versucht, in wenigen Strichen das Zeugnis der Heiligen Schrift über das Sterben, den Tod, die Auferweckung der Toten und das ewige Leben thesenartig anzudeuten. Eine über diese wenigen Sätze hinausgehende und also einigermaßen vollständige Darlegung und Aufgliederung der biblischen Zeugnisse über den Tod kann nun aber hier so wenig unsere Aufgabe sein wie die fachliche Begutachtung der heutigen humanwissenschaftlichen Beiträge zum Phänomen des Sterbens und der entsprechenden Verlegenheit im Blick auf das Rätsel des Todes. Statt dessen geht es auf diesen Blättern um die Frage, was wir als Seelsorger denen noch zu bringen, zu sagen haben, die uns in den Tod vorausgehen. Es sind überwiegend Menschen, die als Gemeindeglieder ein Leben lang unterwiesen werden sollten, mit Gottes Wort zu leben, und bei denen es nun um die dringliche Frage geht, ob sie jemand auch unterweisen kann, mit Gottes Wort zu sterben. Denn christliche Seelsorge ist ja nichts anderes als eine besondere Gestalt der Verkündigung des Wortes Gottes, auch am Kranken- und am Sterbebett. Der Seelsorger kann wie der Prediger auf der Kanzel und der Konfirmator im Unterricht nicht umweglos genug zur Sache kommen, zu seiner Sache, also zur Sache seines Herrn und zur Nennung des Namens Jesu Christi.

Das ist aber deshalb keine leichte, sondern eine schwere Sache, weil nicht nur die Not des Sterbenden am Tage liegt, sondern weil auch das, was jetzt auf der letzten Strecke noch zu sagen ist, Auslegung des Wortes Gottes

in der Heiligen Schrift sein soll. Dieses Wort aber ist bis zuletzt immer beides: Evangelium und Gesetz, Gnade und Gericht, Ernst und Trost, Verschmachten und Dennoch (Ps. 73,23-26), ist immer zugleich das Licht aus den Wohnungen im Hause des Vaters (Joh. 14,2) und das Dunkel aus der »Hölle, wo ihr Wurm nicht stirbt und ihr Feuer nicht verlöscht« (Mark. 9,48). Wenn es anders wäre, dann stünde nicht auch die Angst des Todes an jedem Sterbebett — und zwar oft genug um so stärker, je mehr ein Mensch im Leben versucht hatte, mit Ernst Christ zu sein, je mehr er also die Wirklichkeit Gottes erkannt hatte. Das will uns nicht eingehen. Je frömmer im Leben, desto seliger im Sterben, so postulieren wir. Aber so gewiß es je und dann das große und gnädige Geschenk eines »seligen Sterbens« gibt (wir belassen es getrost bei diesem christlichen Ausdruck der Väter), so gewiß ist es, daß Gott oft gerade seine Kinder zum Schluß noch durch einen sehr engen Felskamin nach oben führt.
Ob sie als Menschen des christlichen Glaubens mehr als andere wissen, spüren, was für ein letzter Ernst aus jenem schweren Wort Jesu spricht, welches Dunkel des Todes den Menschen aus der Rede von dem »Wurm, der nicht stirbt, und dem Feuer, das nicht verlöscht« anweht? Die ganze Schwere dieses Herrenwortes (formal nimmt Jesus hier die Weissagung des letzten Satzes des Jesajabuchs in Kap. 66,24 auf) kommt allein darin schon zum Ausdruck, daß eine Reihe wichtiger alter Handschriften des griechischen Urtextes offenkundig die dreimalige Wiederholung dieses dunkelsten Satzes des Neuen Testaments nicht ertragen konnte und ihn nur *ein*mal (Mark. 9,48) erwähnt. Es wird gerade so wenig ein Zufall sein, daß dieser Text in der 1977 in Kraft getretenen neuen Ordnung der kirch-

lichen Predigtperikopen nicht mehr zu finden ist und nur noch in unserer Landeskirche — nicht ohne Widerstände! — in der »Württembergischen Reihe« als Text zum Landesbußtag Invocavit festgehalten worden ist. Dieses Wort Jesu über den »anderen Tod« (Offb. 20, 6) ist voller Beschwer. Jeden Christen muß darüber tiefes Erschrecken ankommen. Hier ist von der Hölle als dem Ort der Verdammnis die Rede und davon, daß ihr Wesen in der Unaufhörlichkeit des Sterbens bestehe. Nun geht es dabei ganz gewiß nicht um eine »Lehre von der Hölle« (eine Höllenlehre hat weder die Heilige Schrift noch das Glaubensbekenntnis), wohl aber um die Mahnung, der heiligen Souveränität Gottes im Leben eingedenk zu sein, damit im Sterben nicht die große Angst das letzte Wort habe.

Bei der Seelsorge an Sterbenden aber geht es um das letzte Wort. Das letzte Wort hat der Lebendige, auch im unmittelbaren Angesicht des Todes. Bei unseren letzten Worten, die wir einem Sterbenden zusprechen können, darf, muß sich bewähren, daß es am Schluß unseres christlichen Glaubensbekenntnisses seltsamer- und zugleich tröstlicherweise so heißt: »Auferstehung der Toten und das ewige Leben«. Seltsamerweise: denn man müßte doch die Formulierung erwarten: »Auferstehung der Toten zum ewigen Leben oder zur ewigen Todesverdammnis«. Aber so heißt es gerade nicht! Tröstlicherweise: denn der christliche Glaube ist Glaube an den Auferstandenen und den Lebendigen. Christen glauben nicht an den Tod, sie glauben an den, der die Auferstehung und das Leben ist. Sie wissen sehr wohl um den Tod, sie brechen nichts ab von seiner schrecklichen Macht, sie verharmlosen ihn nicht, sie verniedlichen ihn nicht zum »Freund Hein« und am wenigsten glorifizieren sie ihn. Sie wissen um seine

Feindseligkeit und um ihre eigene Todesfurcht. Wo es aber ums Sterben geht, hat der Tod — fasse die Paradoxie, wer im Glauben kann! — keinen Platz mehr. Da ist nur noch Raum für Jesus. Das den Seelen zu predigen, ist »Seelsorge«, und davon allein lebt die Seelsorge an denen, die auf ihrer allerletzten Strecke sind.

Und das ist ja dann wohl dasselbe, was Martin Luther in seinem »Sermon vom seligen Sterben« sagt und uns ins Herz schreiben will: »Im Leben sollt man sich mit des Todes Gedanken üben und ihn zu uns fordern, wann er noch ferne ist und nicht treibt. Aber im Sterben, wenn er von selbst schon allzu stark ist, ist es gefährlich und nichts nutz. Da muß man sein Bild ausschlagen und nicht sehen wollen ... Drum sieh das himmlisch Bild Christi an ... Sieh, in dem Bild ist überwunden dein Hölle ... Drum laß dir's nur nicht aus den Augen nehmen und suche dich nur in Christo und nicht in dir, so wirst du dich ewiglich in ihm finden.«

Das also ist der uneinholbare Vorsprung der Christen vor den anderen: Auch sie wissen zwar nicht, was der Tod ist, aber sie wissen, was das Leben ist, nein: *wer* das Leben ist. »Ich bin die Auferstehung und das Leben« (Joh. 11,25). Das aber zu wissen, ist genug.

Und das zu sagen, zu predigen, das ist die Mitte aller Seelsorge an Kranken- und an Sterbebetten: Jesus ist da! Es wird dort gewiß noch einiges mehr zu sagen, zu trösten und zu beten sein als nur dieser eine kleine Satz, und wir werden jetzt darüber auch noch einiges zu bedenken haben, aber dieser Satz ist die Mitte, um die sich bis ganz zuletzt alles dreht.

Seelsorge — keine Weise der Psychotechnik

Gottes Wort — Geleit im Sterben, das bedeutet dann aber auch zugleich eine klare und ehrliche Grenzziehung. Es geht um die Grenze zu anderen Worten und Wörtern am Sterbebett. Da wird gewiß viel gesprochen: gute und gutgemeinte, beruhigende und ungeschickte, belanglose und hintersinnige, tröstende und zerstörende Worte im Mund von Angehörigen, Pflegekräften, Pfarrern, Besuchern unterschiedlichen Barmherzigkeitsgrades — und von dem auf den Tod daniederliegenden Menschen selbst. Das kann nicht anders sein, wenn wir von den nicht ganz wenigen absehen, zu denen außer dem Pflegepersonal eigentlich niemand kommt; denn »ich habe keinen Menschen« (Joh. 5, 7). Aber eine Grenze ist dabei ganz klar: daß alle diese Menschenworte diesseits der Grenze sind, jenseits derer nur noch Gott das Wort hat. Daß auch bei uns die meisten ohne Gottes Wort sterben, ist eine Tatsache und ein Offenbarungseid, beides mit mehr als nur einer Ursache. Das große Fragezeichen hinter der kirchlichen Seelsorge lastet hier besonders schwer auf uns. Aber an der Notwendigkeit einer Grenzziehung zwischen Gotteswort und Menschenwort ändert sich nichts dadurch, daß diese Grenze manchmal mitten durch die christliche, kirchlich geordnete Seelsorge hindurchgeht. Wir werden über die gerade hier doppelt notwendige Grenzziehung gleich noch zu reden haben.

Zunächst sei aber eines noch einmal ausdrücklich festgehalten: Christliche Seelsorge will immer auf den großen Seelsorger, auf Jesus Christus hinführen. Sie ist — wir sprachen oben davon — eine Weise der christlichen, also biblischen Verkündigung, eine besondere zwar, weil sie oft Verkündigung an einen einzigen Hörer ist, aber eben doch nichts anderes als die Predigt des Evangeliums. Sie hat wie immer, so auch hier, den großen Trost der Rechtfertigung, der Lossprechung des Sünders aus dem Gericht Gottes zur Mitte und zum Ziel. Daran hat sich seit dem Tag des Zachäus nichts geändert, daß der Inhalt der guten Botschaft das Wort von dem Herrn ist, der »gekommen ist, zu suchen und selig zu machen, was verloren ist« (Luk. 19, 10). Auch die seelsorgerliche Predigt, die an den Betten der Kranken und Sterbenden gehalten wird, lebt *aus* dem Wort des Herrn und — mehr als andere Formen der Verkündigung — *in* den Worten des Herrn.

Seelsorge unterscheidet sich also von allen humanpsychologischen Bemühungen darin, daß sie einen anderen Auftraggeber hat als den Menschen. Ihr Auftraggeber ist der, der menschliche Seelen nicht regulieren, sondern retten will. Seelsorger sind Boten dessen, der Seelen selig machen will, »nicht mit Gold oder Silber, sondern mit seinem heiligen, teuren Blut und mit seinem unschuldigen Leiden und Sterben«. Seelsorger handeln nach den Worten des Jakobusbriefs (5, 14f.): »Ist jemand unter euch krank, der rufe zu sich die Ältesten der Gemeinde, daß sie über ihm beten und ihn salben in dem Namen des Herrn. Und das Gebet des Glaubens wird dem Kranken helfen, und der Herr wird ihn aufrichten; und wenn er hat Sünden getan, wird ihm vergeben werden.« Daß das Gebet den Kranken auch gesund macht, geschieht zwar öfter, als unser Kleinglaube gedacht hätte, aber verheißen ist das hier nicht. Verheißen ist, daß ihn das Wort des Herrn

und das Gebet »aufrichten« werden und daß dem, der darum bittet, seine Sünden vergeben werden, auch noch als Gnade der letzten Stunde.
Christliche Seelsorge zielt immer und also nicht nur ganz zuletzt auf die Seele des Menschen, der unterwegs zum letzten Ziel ist. Aber das gilt verstärkt, wenn dieses Zwiegespräch vor Gottes Augen aus dem Ernst der letzten Frist, der letzten Wegstrecke seine Tiefe empfängt, wenn es also darum geht, ob ein Mensch mit Gottes Wort sterben kann.
Eben das bedeutet aber nun jene klare Grenze, von der wir schon sprachen. Wo Gott das Wort nimmt, da findet kein Gespräch statt, sondern ein Zuspruch — und das ist nicht so ungefähr dasselbe. Ein Gespräch wird von Partnern geführt, der Zuspruch des Wortes Gottes aber steht unter der Überschrift: So spricht der Herr. Wer als Seelsorger dieses Wort seines Herrn nachspricht oder auslegt, predigt, der treibt ein im Ansatz und in jeder Hinsicht anderes Geschäft als der Fachmann humanwissenschaftlicher Psycho-Techniken. Sofern er wirklich Fachmann ist, sei ihm gern unterstellt, daß er sein Handwerk ordentlich gelernt hat und richtig ausübt, also sein Handwerk der Psychotherapie, Psychosomatik, Psychologie, Psychagogik oder auch Psychiatrie. Sofern es sich dabei um Anlernlinge handelt, besonders um solche theologischer Herkunft, die irgendwo einen Psychokurs gemacht haben und sich nachher amateurhaft in einem oft merkwürdig vollmundigen Fachvokabularium auf dieser Ebene wissenschaftlich betriebener »Seelsorge« bewegen, da ist nicht nur sachliche Skepsis angebracht. Es geht vielmehr darum, daß einer dann ein Geschäft in fremdem Auftrag betreibt.
Das gilt besonders für jene in den USA entstandene

Arbeitsweise, die unter der Bezeichnung CPT, also Clinical Pastoral Training (Rogers), auch in unsrer Kirche weite Verbreitung gefunden hat. Sie wird nicht dadurch geistlich legitimer, daß sie kirchenamtliche Förderung erfährt. Sie ist deshalb ein »Geschäft in fremdem Auftrag«, weil hier nicht Gott und das Wort der Heiligen Schrift, sondern der Mensch und seine Psyche Ausgangspunkt und Meßlatte sind und weil das Ziel auf der Basis von Methoden, hier: humanwissenschaftlicher Methoden, nicht auf Grund eines vorgegebenen Auftrags (z.B. Offb. 3, 2a; Apg. 20, 28) erreicht werden soll. Die uralte Weichenstellung, ob der Mensch »das Maß aller Dinge« sei oder ob »dir gesagt ist, Mensch, was gut ist und was der Herr von dir fordert« (Micha 6, 8), ist hier zugunsten der Normativität des Menschen und der nach wissenschaftlichen Grundsätzen zu behandelnden Seele entschieden.

Es kann nicht Aufgabe dieser Schrift sein, die Auseinandersetzung mit der Fachliteratur zu führen oder die verdienstvolle württembergische »Handreichung zu Fragen der Pastoralpsychologie und Gruppendynamik« zu analysieren. Aber dennoch kann hier die Notwendigkeit dieser Grenzziehung zwischen zwei nicht verwandten, sondern konträren Wegen zur Seele des Menschen angesprochen werden. Denn der wissenschaftlichen Psychologie und allen ihren abgeleiteten Wissenschaftsbereichen geht es darum, dem Menschen zur Ich-Findung und von daher womöglich zur seelischen Ich-Heilung zu helfen. Diametral entgegengesetzt geht es der christlichen Seelsorge darum, dem Menschen, ganz besonders aber dem seiner letzten Stunde entgegengehenden Menschen statt zur Ichfindung zur »Gottfindung« zu verhelfen und ihm den Weg zur Heilung seiner Seele durch den zu zeigen, der sagen kann: »Ich bin der Herr, dein Arzt« (2. Mose 15, 26), ihn zu dem zu führen, der »dich gesund macht, Jesus Christus« (Apg. 9, 34). Dieses eine kann man aber nur tun, wenn man das andere läßt. Die Ichfindung, zu der der Psychotherapeut verhelfen möchte, und die »Gottfindung« (Jer. 29, 13; Amos 5, 4; Matth. 7, 7f. und 13, 44ff.) sind ein Entweder-Oder. Wenn wir den Herrn finden, finden wir »das Leben und volle Genüge« (Joh. 10, 10). Wenn wir noch im Sterben nichts finden als bloß unser Ich, unser Selbst, statt den zu finden, der den Tod überwunden hat, »so sind wir die elendesten unter allen Menschen«.

Ichfindung, Ichverwirklichung und Selbstverwirklichung, also dieses Haupt-Wort der Psychowissenschaften vor anderen, ist genau das, was die Bibel Sünde nennt — von der Ur-Selbstverwirklichung Adams an (1. Mose 3, 6f.) über die Selbstverwirklichung Israels im Königtum (1. Sam. 8, 4-8) bis zu den vom Glauben abgeglittenen, aber gänzlich selbstsicheren Christen in Laodizea (Offb. 3, 15-19). Wo der Mensch und wo seine Psyche zum Maß der Seelenkunde und Seelentherapie wird, wird die Seelsorge verfehlt, die bis in die zwölfte Stunde hinein »an Christi Statt« bittet: »Lasset euch versöhnen mit Gott!« (2. Kor. 5, 20), die ermahnt, »daß sie bleiben sollten in der Gnade Gottes« (Apg. 13, 43), und die manchmal wohl »Tag und Nacht« nicht abläßt, »einen jeglichen mit Tränen zu vermahnen« (Apg. 20, 31). Psychotechnische Fertigkeiten haben in einer Welt religiöser Indifferenz, also in einer Welt ohne Gott, ihren legitimen Platz. Als Ersatz für biblisch fundierte Seelsorge oder auch als angeblich zweiter Weg der Seelsorge sind sie illegitim. Man wird sich hier entscheiden müssen — um der anvertrauten Seelen willen.

Umweglos zur Sache kommen

In der Seelsorge an Schwerkranken und Sterbenden gilt noch mehr, was bei jeder Form von Seelsorge gelten sollte: Daß der Seelsorger immer *mit* seiner Sache und darum alsbald *zu* seiner Sache kommt. Seine Sache aber ist das Wort seines Gottes.
Gerade, wer auf den Tod daniederliegt, ist dankbar, wenn der Seelsorger etwas anderes bringt und sagt, als das, was alle sagen, die sonst um ihn sind: daß man den Mut nicht sinken lassen solle, daß man abwarten müsse, daß man Vertrauen zum Arzt haben müsse, daß Aufregung nicht am Platze und nur schädlich sei — und was derlei meist ehrlich gutgemeinte und für ihr Teil oft auch richtige Ratschläge mehr sind.
Natürlich gibt es auch eine plumpe Weise, mit der christlichen Tür ins brüchige Haus des zu Ende gehenden Lebens zu fallen. Aber es hilft nicht zum Guten, wenn man sich durch Karikaturen einer aufdringlichen Seelsorge davon abhalten läßt, für sein Teil die nur noch sehr bemessene Lebensfrist eines Sterbenskranken umweglos für Jesus auszukaufen. Diese Umweglosigkeit kann sehr wohl ein freundliches, sorgliches Gewand tragen. Aber für sogenannte »Vorhofsarbeit« ist jetzt keine Zeit mehr, zumal die alte Erfahrung der Verkündigung, der Evangelisation und gerade auch der Seelsorge immer dasselbe lehrt: Wer sich erst einmal in den Unverbindlichkeiten des Vorhofs etabliert, kommt nie dazu, mit dem anderen zusammen das Heiligtum zu betreten. Der Zugang zum Heiligtum, zum »Thron der Gnade« (Hebr. 4,16), steht unmittelbar offen,

seit Jesus Christus ihn geöffnet hat. »Darum lasset uns hinzutreten mit Freudigkeit«, ohne kostbare Zeit im Vorhof zu verlieren.
Wie das geschehen kann, mit welchen Worten und in welcher Art wir an ein Kranken- oder Sterbebett treten, davon werden wir später noch im einzelnen zu reden haben. Die Voraussetzung dafür ist aber, daß der Seelsorger sich selbst darüber klar wird, ob er als Berater und Gesprächspartner oder aber als Bote des Evangeliums ans Bett eines im endgültigen Sinne »mühseligen und beladenen Menschen« (Matth. 11,28) treten will. In dieser seiner eigenen Entscheidung, was für ein Seelsorger er nun sein wolle, muß er um so klarer sein, je mehr ihm dann ohnehin gegenläufige oder abweichende Vorstellungen von seiner Aufgabe begegnen.
Außer dem Kranken selbst ist es insbesondere dessen Umgebung, die ihre andersartigen Vorstellungen und manchmal auch Forderungen dem Seelsorger gegenüber anmeldet. »Sie haben bei Ihrem letzten Besuch Mutter gegenüber von der Ewigkeit gesprochen. Wir wünschen nicht, daß Mutter durch solche Gedanken beunruhigt wird und erfahren könnte, wie es um sie steht. Ihre Besuche sind uns dann willkommen, wenn Sie auf unsere Vorstellungen eingehen und Mutter durch eine ansteckende Fröhlichkeit aufmuntern. Andernfalls möchten wir Sie bitten, von einer Wiederholung Ihrer Besuche abzusehen.« Solche Briefe (oder telefonische Anrufe) hat wohl schon jeder Pfarrer bekommen, wenn er den Dienst des Wortes Gottes an einem Sterbebett ernstlich tun wollte. Er soll als Beschwichtiger auftreten, zumal ja an sich schon sein bloßes Erscheinen bedenklich ist und »den Kranken bloß aufregt«. Wenn »der Pfarrer auch schon bei ihm gewesen ist«, dann ist das bis in die Nachbarwohnun-

gen hinein ein schlechtes Zeichen. Den Gedanken, daß es jetzt in der Tat wohl nichts Wichtigeres geben könnte, als daß der Sterbenskranke erkennt, wie es um ihn steht, kann man solchen Angehörigen mit ihrer Abschirmtechnik kaum nahebringen. Darum achten sie auch so sorgsam darauf, daß der halbwillkommene Besucher nur ja keinen Augenblick mit dem schwerkranken Vater allein sprechen kann. Es steht immer jemand herum.

Damit ist über die alte, schwierige Frage der Wahrheit am Krankenbett — wir kommen darauf noch zu sprechen — noch nicht viel gesagt. Aber in jedem Fall ist sicher, daß der Seelsorger sich immer neu daran erinnert, als wessen Statthalter (2. Kor. 5, 20) er an dieses Bett tritt, gleich, welche Stunde der Krankheit jetzt geschlagen hat.

Freilich lernt er dabei immer neu und vermutlich auch immer neu unter Seufzen die Wahrheit einer lebenswichtigen Lektion: daß die Bereitschaft, auf Gottes Wort zu hören und mit Gottes Wort zu leben und endlich auch mit Gottes Wort zu sterben, nicht mit zunehmendem Lebensalter wächst. Das ist eine harte Erkenntnis. Aber in aller Regel fallen nun einmal die Entscheidungen eines Lebens früher und nicht später. Es gibt da gegenüber dem Dienst der Seelsorge oft so etwas wie eine geballte Altersschwerhörigkeit, wenn es um geistliche Fragen, um die Ansprechbarkeit auf die Gedanken über das Sterben, den Tod und die Ewigkeit geht. Wo ein Mensch ein Leben lang eine innere Mauer gegen Gott und sein Wort um sich herum aufgebaut hat, kann er sie nicht zuschlechterletzt wieder eilig abtragen, um noch ein Mensch des Glaubens zu werden. Das alte Vulgärverslein: »Lustig gelebt und selig gestorben, das heißt dem Teufel die Rechnung verdorben«, ist eine selbstmörderische Rechnung, die niemals aufgeht. Auch der Seelsorger steht dem so gut wie machtlos gegenüber. Früher einmal recht gängige Berichte über erbauliche Bekehrungen noch auf dem Sterbebett gehören mit seltenen Ausnahmen in den Bereich christlicher Trivialliteratur.

Weil es aber dennoch Wunder gibt, Wunder, die Gott tut, darum hört der Dienst der Seelsorge an keinem Kranken-, an keinem Sterbebett auf. Also auch dort nicht, wo die Hemmnisse, denen der Seelsorger begegnet, nicht so sehr in seiner Umgebung liegen als viel unmittelbarer im Kranken, im Sterbenskranken selbst. Auch bei einer inneren Unzugänglichkeit, Verschlossenheit, die manchmal wie Verstocktheit wirkt, ist es mit der Verheißung über dem Dienst der Seelsorge so wie mit der Verheißung jenes Friedens, von dem Jesus sagt: »Meinen Frieden gebe ich euch« (Joh. 14,27). Ob der Mensch diesen anderen Frieden innerlich empfindet und annimmt, also ob »ich den Frieden Gottes schmeck und fühl und dir darob im Herzen sing und spiel«, das macht seine Realität nicht aus. Natürlich ist es weitaus am schönsten, wenn sich das Gefühl mit dieser Realität deckt, und das geschieht durch Gottes Gnade auch oft genug. Aber die Realität seines Friedens *hängt* nicht an meinem Gefühl und hängt in meiner letzten Stunde auch nicht mehr daran, ob ich ihn noch zu erfassen imstande bin, sondern an der Verheißung, daß »der Bund meines Friedens nicht hinfällt« (Jes. 54, 10). Der Friede Gottes ist wie sein Bund eine einseitige Setzung und Gabe Gottes, unabhängig von meiner Mitwirkung, aber verbindlich gültig für mich.

Im einfachen Bild der sprachlichen Herkunft gesagt: Friede ist Umfriedung, ist eine Mauer, die von Gott um mich gebaut wird (vgl. Sach. 2,9). Und diese Mauer hält, »auch wenn mein Mund wird kraftlos sein«. Seelsorge am Sterbebett ist Handlangerdienst an diesem Umfriedungsbau Gottes um einen Menschen herum, an dem er trotz aller Sünde eines Menschenlebens in Ewigkeit sein Werk vollenden will, das er an diesem Menschen in der Heiligen Taufe begonnen hatte. Es ist jener Handlangerdienst, bei dem der Seelsorger die Steine anreicht, aus denen Gott die Schutzmauer seines Friedens errichtet, »daß der böse Feind keine Macht an ihm finde«. Die Steine dieser Umfriedung aber sind die großen Worte aus Gottes Wort, die es jetzt zuzusprechen gilt, sind die Choralstrophen, die jetzt vorgesprochen werden, sind die kurzen Gebete, die jetzt gebetet werden, damit da ein Mensch im »Frieden von Gott, unserem Vater, und von dem Herrn Jesus Christus« geborgen werden kann.

Darum tun wir diesen Dienst der Seelsorge. Wir tun ihn wohl leichter dort, wo ein Mensch versucht hatte, ein Leben in der Nachfolge Jesu zu leben. Wir tun ihn gewiß schwerer, aber wir tun ihn auch dort, wo von solcher Hinwendung zu Jesus nichts zu spüren ist. Vielleicht baut Gottes Gnade damit auch hier noch die Mauer seines barmherzigen Friedens, selbst wenn die Worte, die wir herbeitragen, aus einem Herzen, das schwer geworden ist, mehr tropfen als strömen. »Wir fahren hin durch deinen Zorn, und doch strömt deiner Gnade Born in unsere leeren Hände.« Denn mehr kann ohnehin keiner, der solchen Dienst der Seelsorge auf der letzten Wegstrecke tut, als darum zu beten, daß durch Gottes Wort aus angefochtenen Sündern noch getröstete Sünder werden möchten. Wenn Gott dazu unbegreifliche Gnade gibt.

Einige praktische Hinweise

Geleit im Sterben — mit Gottes Wort, wie geschieht das nun, diese seelsorgerliche Begleitung eines dem Ende entgegengehenden und manchmal auch entgegensehenden Menschen, eines mehr oder wohl meist weniger bewußten und überzeugten Mitchristen? Gibt es dafür auch bestimmte Regeln, Faustregeln sogar, »handwerkliche« und also erlernbare Kenntnisse — oder ist hier alles so sehr subjektive Eigenart, um nicht zu sagen: so sehr persönliches Charisma, daß eigentlich kein Raum mehr bleibt für Anleitung und Weiterbildung?

Dieses schmale Heft hier ist kein Lehrbuch der Pastoraltheologie im allgemeinen und der Krankenseelsorge im besonderen. Hier will einfach berichtet werden, so anspruchslos wie möglich. Vielleicht können dabei dann auch ein paar Fingerzeige gegeben werden, wobei einige Warnschilder mit dazu gehören mögen. Dazulernen kann man dabei lebenslang; der Verfasser hat für sein Teil besonders noch im Ruhestand dazugelernt, in den sechs Jahren des Dienstes als Prediger und Seelsorger in einem großen Altersheimkomplex: Seniorenwohnungen, Altersheim, Pflegeheim und Klinik mit zusammen über 500 Betten. Fast jede Woche wurden dort Särge hinausgetragen.

Mit dem Charisma freilich ist das so eine Sache. Das gibt es wohl schon, auch auf diesem Gebiet, und wohl dem, der's hat. Aber es ist beim Charisma wie beim Genie: daß es zu neunzig Prozent auf Fleiß beruht. Charismatiker der Seelsorge erweisen sich bei näherem

Hinsehen meistens als ziemlich fleißige Leute, die in ihrem Handwerk (darf man sich einmal so ungeschützt ausdrücken?) eine Menge lesen, hören und lernen, schreiben und — merke wohl! — memorieren.
Als Bericht von einfachen Schritten auf einem nicht einfachen Weg wollen diese Zeilen hier verstanden werden.

Regelmäßiger Besuch — am besten täglich

Vor langen Jahren schon hat mich die Bemerkung einer Dame beunruhigt und irgendwie umgepolt, die von ihrem damaligen Gemeindepfarrer erzählte, dem sie in mancher Hinsicht kritisch gegenüberstand: »Aber das muß ich ihm lassen: In den Wochen, in denen es mit meiner Mutter zu Ende ging, stand er jeden, aber auch jeden Tag, den Gott gab, abends am Bett der Mutter, um mit ihr zu beten, Woche um Woche.«
Das ist nun freilich etwas anderes, als »einen Besuch machen«: Präsent sein, so regelmäßig wie irgend möglich zur selben Zeit ins Zimmer treten und mit Gottes Wort dasein. Übrigens hat auch jener allabendliche Besucher, von dem eben die Rede war, sehr wohl gewußt, warum er gerade abends kam. Jeder Sterbende hat Angst, aber die Angst ist wohl am größten, wenn die nötigen abendlichen Verrichtungen vorbei sind, das Abendessen, das Betten, die Arznei, die Spritze, und wenn jetzt die Nacht kommt. »Soll diese Nacht die letzte sein in diesem Jammertal...?« Dann ist die Stunde des Pfarrers: bevor die Nacht kommt, diese Nacht und dann die lange Nacht. Er hat jetzt nichts »Wichtigeres zu tun«, nein, auch nicht am Heiligen Abend oder am Samstag.

Niemand hat dem Pfarrer bei der Ordination versprochen, daß er rechtzeitig zum Abendessen daheim sein kann oder pünktlich zur Kirchengemeinderatssitzung oder daß seine Konzertkarte vorgeht. Sterbende gehen immer und allem vor.

Regelmäßiger Besuch — aber kurz

Seelsorgerliche Besuche bei Sterbenskranken sollen im allgemeinen aber nicht lange dauern. Im Gegenteil, für den Schwerkranken ist es eine Hilfe, wenn ihre Kürze sich wohltuend unterscheidet von den Aufwartungen einer beschwerlichen Sorte von Besuchern, die eine Stunde und länger auf einen Kranken mit gutgemeinten Worten einreden.
Gerade, wenn der Seelsorger ziemlich regelmäßig kommt, genügt der kleine persönliche Gruß, der Zuspruch aus Gottes Wort und aus dem Gesangbuch (wir sprechen nachher noch im einzelnen davon), die wichtige stille Zeit, in der gar nichts geschieht, das Gebet, der Segen zum Abschied.
Ja, es gibt auch die Ausnahmen — aber das merkt man dann von selber —: Wenn der Sterbenskranke nur *eine* Angst hat: der Pfarrer (oder welcher Seelsorger es sei) könne ihn jetzt allein lassen, jetzt, da er genau vor diesem Alleingelassenwerden solche Angst hat. Dann bleibt man eben da, auch wenn das lange dauern kann und die Familie daheim nicht weiß, »wo er wieder bleibt«.
Aber im allgemeinen gilt doch die Regel: Lieber möglichst oft und möglichst regelmäßig zu einem kurzen Besuch kommen, als je und dann einmal zu einem ausführlichen.

Zuspruch statt Gespräch

Es kommt da noch etwas Wichtiges hinzu: daß mit Schwerstkranken und Sterbenden eigentlich keine Gespräche mehr geführt werden. Die heute propagierte Gesprächsmethode in der Kranken- und besonders der Krankenhausseelsorge im Umgang mit »gesunden Kranken« auch auf Schwerkranke und sogar Sterbende anzuwenden, ist eine der großen Verirrungen in der Kirche. Hier wird Verkündigung und Zuspruch umgewandelt in Diskussion und — so in einer kirchlichen Fachzeitschrift zu lesen — in »meditative Übungen«, wohlgemerkt und ausdrücklich mit Sterbenden! Zu Gesprächen sind Sterbende nicht nur meist zu schwach, schon weil die Stimme mehr und mehr ihren Dienst versagt, nicht nur zu müde (woher kommt denn der Ausdruck »todmüde«?), sondern es ist auch nicht mehr der Auftrag des Seelsorgers, Gespräche zu führen. Wo die wachsende Schwachheit und die steigende Not des Sterbenskranken, »wenn meine Kräfte brechen, mein Atem geht schwer aus, und kann kein Wort mehr sprechen . . .«, wo diese Zeichen erkennen lassen, daß er nicht mehr in der Lage ist, einen Gedankengang oder gar ein Gespräch mitzuvollziehen, wohl aber noch bekannte oder doch ganz einfache Sätze, Worte nachzuvollziehen, da tritt an die Stelle aller Versuche eines Gesprächs allein der Zuspruch, das so persönlich wie möglich zugesprochene Wort der Heiligen Schrift oder des Gesangbuchs. Denn Seelsorge am Bett der Sterbenden lebt aus dem Wort des Lebendigen, des Herrn.

Der Seelsorger weiß um die Verantwortung seines Wortes um so deutlicher, je mehr es zum Monolog wird. Seine Situation ist der auf der Kanzel zu vergleichen: Er hat das schwere Vorrecht, allein das Wort zu haben, ohne daß jemand jetzt und hier seine Einwände, seine kritischen Rückfragen, aber auch seine Angst und seine Not hinsichtlich der gehörten Worte anmelden könnte. Vielleicht wäre aber gerade das der eindringliche Wunsch des Sterbenskranken? Nur daß er es kräftemäßig einfach nicht mehr kann? Gerade das herauszuspüren, gerade dann an kleinen Bewegungen, insbesondere aber an den Augen und den Lippen zu erkennen, wenigstens zu ahnen, was den Kranken jetzt umtreibt, was er fragen, was er dringend noch einmal hören möchte, das ist in solcher Lage die Aufgabe des Seelsorgers und seiner Einfühlungsbereitschaft. Solches Einfühlungsvermögen kann auch wachsen.

Und noch eine Anmerkung: Gewiß gibt es auch bei Schwerkranken die andere Beobachtung, daß diese sich bewußt noch mitteilen möchten, Fragen beantwortet haben, ganz bestimmte Nöte artikulieren wollen — oder in sehr selten gewordenen Fällen auch einmal beichten und die Absolution haben möchten. Daß der Seelsorger dann darauf eingeht und dafür Zeit hat (auch wenn er absolut keine hat), das muß kaum ausgesprochen werden. Fast immer ist es aber beim zunehmenden Verfall der Kräfte anders: daß der seelsorgerliche Besuch mehr und mehr zum Monolog, das aber heißt: zum Zuspruch, zur Predigt, zum Gottesdienst wird, damit wir einem Menschen dazu helfen, mit Gottes Wort sterben zu können.

Die Kraft der vertrauten Haupt-Worte

Welcher Zuspruch, welches Wort Gottes ist hilfreich? Antwort: die bekannten und die großen Worte des

Glaubens. Die eigenen Worte, auch die wohlüberlegten, lassen wir am Sterbebett mehr und mehr zurücktreten, gerade in Gedanken daran, daß die Kraft zum Mitvollziehen auch eines einfachen und klaren, aber eben erst in diesem Augenblick formulierten Gedankens fehlt. Außerdem sind die eigenen Worte des Seelsorgers dann auch nicht mehr so wichtig; den großen Worten der Schrift ebenbürtig sind sie ohnehin nicht. Was wir am Sterbebett noch zu sagen haben, sind mehr und mehr allein die Zentralworte des Glaubens und des Trostes, die Worte von der Barmherzigkeit Gottes, von seinem Frieden, von seiner neuen Welt, sind die vertrauten Gebete, sehr wohl auch die aus Kindertagen, und die bekanntesten Gesangbuchstrophen.

Spätestens hier müssen wir freilich davon sprechen, daß wir nur zu gut wissen, daß es mit den angeblich vertrauten und wohlbekannten Bibelworten und Choralstrophen heute so eine Sache ist. Der geistliche Substanzverlust — durch die wachsende Geringschätzung auswendig gelernter Texte in unsrer Kirche entstanden — ist bestürzend. In einer seelischen Erosion ohnegleichen ernten wir zunehmend — und nicht nur an Krankenbetten! — die böse Saat der Verachtung des Memorierens. Leider ist es ja heute eine ebenso vielpropagierte wie törichte Meinung, der Glaube bestehe ja schließlich nicht in erlernten Bibelsprüchen.

Aber woraus in aller Welt soll der Glaube denn anders bestehen als aus den Elementarbausteinen seines Fundaments und seiner Bausubstanz? Insbesondere aber ist der Seelsorge jeder Boden entzogen, wenn sie nicht mehr Gottes Wort in Gottes Worten auswendig nachsprechen und zusprechen kann.

Am Krankenbett bedeutet das, daß in der Tat diejenigen — und ihre Zahl nimmt ständig zu — arm dran

sind, die sich die Worte des Glaubens im Leben nie als Besitz angeeignet haben. Sie haben sie dann eben auch im Sterben nicht. Den Unterschied zwischen den fragenden Augen und stumm bleibenden Lippen der einen und den die vertrauten Worte mitsprechenden Lippen und erkennbar offenen Ohren der anderen ertragen und gewissermaßen einkalkulieren zu müssen, das ist eine beschwerliche Erfahrung des Seelsorgers.
Wir haben dennoch nichts anderes zu bringen als eben diese Worte des Glaubens, diese Lieder des Trostes, diese Gebete der Hoffnung. Wo man sie erkennt, weil man sie kennt, werden wir getrosteren Herzens unseren Dienst tun als dort, wo sie sichtlich unbekannt sind. Aber auch da beten wir um das Wunder, daß Gott durch sein gutes und großes Wort noch Herzen anrühren und Gnade geben möchte. Er kann ja auch ganz zuletzt noch einmal »dem Abraham aus Steinen Kinder erwecken« (Matth. 3,9).
Auch der erfahrene Seelsorger (oder gerade er) bereitet sich jedesmal neu vor, wenn er die rechten Worte für einen Besuch in einem bestimmten Zimmer überlegt. Oft kann es seinen guten Sinn haben, wenn er den Besuch mit einem konkreten Zuspruch einleitet: »Ich möchte Ihnen heute ein Bibelwort für Sie persönlich mitbringen und Ihnen das zuerst sagen.« Gar nicht selten wird die Tageslosung aus dem Losungsbüchlein dafür eine Hilfe sein. Oder eine andere Möglichkeit: Jeden Tag wird dem Kranken eine Strophe eines Chorals »mitgebracht«, zum Beispiel zwölf Tage lang aus Paul Gerhardts Lied »Befiehl du deine Wege« oder aus einem anderen passenden Lied, das der Seelsorger natürlich mindestens selber können muß. Dem Todkranken etwas »zulesen« ist eben nicht dasselbe wie zusprechen!

Je weiter die Krankheit fortschreitet und je näher das Ende kommt, desto mehr werden wir unseren Sterbenskranken auch die notwendigen Pausen zwischen den einzelnen Bibelworten und Liedstrophen gönnen, die wir uns vorher überlegt haben.
Die an sich kurzen Besuche werden dann natürlich länger, wenn der Seelsorger am Bett sitzt und wohl auch die Hand des Patienten hält oder von Zeit zu Zeit seine Hand für einen Augenblick auf die des Schwerkranken legt und zu ihm und mit ihm sagt: »Und ob ich schon wanderte im finstern Tal, fürchte ich kein Unglück; denn du bist bei mir ...« — oder: »Barmherzig und gnädig ist der Herr ... Er handelt nicht mit uns nach unseren Sünden und vergilt uns nicht nach unsrer Missetat ...« — oder: »Jesus spricht: Kommet her zu mir alle, die ihr mühselig und beladen seid ...« — oder: »Herr, mein Hirt, Brunn aller Freuden, du bist mein und ich bin dein, niemand kann uns scheiden«, oder was wir sonst aus dem Reichtum des Wortes Gottes bereithalten. Aber nach jedem Zuspruch schweigen wir eine Weile mit dem Kranken, lassen wir ihm die Stille des Überdenkens, ehe wir nach einiger Zeit ein anderes der Haupt-Worte des Glaubens und der Hoffnung sprechen.[1]
Der Besuch wird nicht ohne Gebet abgeschlossen werden. Gelegentlich wird auch ein freies Gebet am Platz sein; das ergibt der Augenblick. In der Regel versagen wir aber unseren Sterbenden nicht die Wohltat des vertrauten Gebets; er kann dann viel besser mitbeten. Zum Beispiel, wenn wir den gerade an Kranken-

[1] Im Anhang (S. 71ff.) finden sich Vorschläge für geeignete Schriftworte, Choralstrophen samt Segensworten und Gebeten, die so etwas wie eine »Eiserne Ration« des Seelsorgers darstellen mögen.

betten besonders gut geeigneten Abendsegen Martin Luthers beten oder das einst schon als Konfirmand gelernte Gebet für meine Todesstunde: »Herr Jesu, dir leb ich, dir leid ich, dir sterb ich; dein bin ich tot und lebendig. Mach mich, o Jesu, ewig selig! Amen.« Oder ganz einfach: »Breit aus die Flügel beide...« — oder »Müde bin ich, geh zur Ruh« — oder die fünfte und sechste Strophe vom Abendlied »Der Mond ist aufgegangen«: »... und wenn du uns genommen, laß uns in Himmel kommen, du unser Herr und unser Gott.«

Ganz zum Schluß segnen wir den Kranken mit dem Segen aus 4. Mose 6, 24-26: »Der HERR segne dich und behüte dich...« — oder mit einem der anderen vertrauten Segensworte der christlichen Kirche. Wir machen dabei das Zeichen des Kreuzes über ihm, nicht nur als ordentliche Lutheraner, bei denen das so im Katechismus steht, sondern weil wir ohnehin nicht wüßten, was für ein Zeichen wir denn sonst machen sollten als das des heiligen Kreuzes. Auch die Zeichen sind wichtig: das Kreuz also, je nachdem auch die auf die Stirn, auf das Haupt aufgelegte Hand. Die bergende Kraft der »mitfolgenden Zeichen« (Mark. 16, 17f.) ist nicht gering.

Wie schon gesagt: Alle diese Dienste mit dem gebundenen Wort setzen voraus, daß der Seelsorger selbst alle einschlägigen Bibelworte, Liedstrophen, Gebete, Segensworte auswendig zur Hand hat. Das Auge des Seelsorgers gehört ungeteilt dem Kranken; jede Anleihe im aufgeschlagenen Buch unterbricht den Kontakt mit ihm. Man muß sich gegenseitig von Angesicht zu Angesicht sehen, wenn der Seelsorger dem Sterbenskranken zuspricht: »... der mich verlorenen und verdammten Menschen erlöst hat, erworben und gewonnen von allen Sünden, vom Tod und von der Gewalt des Teufels,

nicht mit Gold oder Silber, sondern mit seinem heiligen, teuren Blut und mit seinem unschuldigen Leiden und Sterben, auf daß ich sein eigen sei und in seinem Reich unter ihm lebe...« Die memorierten Schätze des Glaubens sind lebenswichtig.
Darum wird man auch das zu seinem seelsorgerlichen Dienst rechnen, daß man die Kranken ermutigt, gerade diese eben gesprochenen Schriftworte oder Gesangbuchverse in der schleppenden Einsamkeit der Tage und noch mehr der Nächte sich selber in der Stille vorzusagen, selber nachzubeten. Das »Reden des Herzens mit Gott in Bitte und Fürbitte, Dank und Anbetung« ist gerade auf der letzten Strecke das A und O im Ringen mit der Anfechtung und der Angst und dann auch der Quellgrund allen Trostes. Und wenn wir einem Kranken, der bisher nichts oder fast nichts von diesen festen Haupt-Worten des Glaubens sein eigen nannte, wenigstens einen oder zwei Sätze aus dem 23. Psalm so oft vorsprechen, bis er sie doch noch in der Stille des eigenen Herzens nachzusprechen lernt, dann haben wir auch für ihn noch einen Stein auf die Mauer der Umfriedung, des Friedens Gottes gefügt.

Offen vom Sterben reden?

Ob mit all dem bereits die alte und schwere Frage der Wahrheit am Krankenbett, am Sterbebett beantwortet ist? Ob sie überhaupt so selbstverständlich zu bejahen ist? Nein, so einfach ist das nicht, mindestens nicht für den, der als Seelsorger die schwere Aufgabe hat, das dann sehr harte Daß der Wahrheit in ein einfühlbereites Wie umzusetzen. Oft wird ihm ja gerade bei den Angehörigen, dem Arzt und vor allem dem Schwerkranken

selbst die heimliche Furcht begegnen, er könne zu offen sein.
Hier ist nicht der Ort, eine Schlüsselfrage der christlichen Ethik: ob die Wahrheit oder die Liebe den Vorrang habe, erneut zu verhandeln. Vielmehr geht es hier um die Frage der angewandten Theologie, angewandt in der Seelsorge beim Geleit im Sterben. Ehrlicherweise kann man hier nur einbringen, was man selber versucht hat. Darum ist es hier wohl auch einmal geboten, ausnahmsweise zu tun, was der Theologe, der Prediger und auch der Seelsorger sonst dringend vermeiden sollte: in der Ichform zu reden. Aber hier drückt sie die Beschränkung auf die schmale Basis des eigenen Tuns aus, die keinen prophetischen Anspruch auf allgemeine Verbindlichkeit erhebt.
Ich erinnere mich nicht, in den mehr als fünfzig Jahren, die seit meiner Ordination vergangen sind, je einmal einem sterbenskranken Menschen gesagt zu haben, »daß er stirbt«. Genau mit diesen Worten ist es uns einmal in der Aussprache über einen Vortrag über die neuen pastoralpsychologischen Seelsorgemethoden vom Referenten angeraten worden, als er gefragt wurde: »Und was sagen Sie einem Sterbenden?« So wie dieser junge Referent es uns anriet, habe ich es nie gehalten, trotz Jes. 38, 1 nicht.
Ein Grund dafür liegt in der langsam gewachsenen Erkenntnis (oder Vermutung), daß es wohl nur sehr wenige Sterbende sind, denen man diesen Gedanken wirklich erst nahebringen müßte. Die Versicherungen der Angehörigen: »Sie hat keine Ahnung, wie es um sie steht. Seien Sie also bitte vorsichtig mit allen Andeutungen, Herr Pfarrer! Sie darf es ja nicht erfahren . . .!« entspringen meist einer aufrichtigen Überzeugung. Manch einer glaubt sogar, die bittere Wahrheit

besonders geschickt überspielt zu haben. Aber die Mauer des Schweigens, die der Kranke um sich selbst gelegt hat, wird dabei nicht selten durchaus falsch gedeutet. Das beweist die gelegentliche Bitte von Kranken (falls man sie einmal mit dem Pfarrer ausnahmsweise alleingelassen und den Besuch des Seelsorgers nicht lückenlos genug überwacht hat!), die Angehörigen nicht mit dem Ernst ihrer Krankheit, ihres Zustandes zu beunruhigen. »Sie merken es ja noch früh genug!« Übrigens: Die Situation des Seelsorgers im Krankenhaus und im Altersheim ist hier günstiger; hier hat er eher einmal die Chance, ein »Vieraugengespräch« mit einem Kranken zu führen.

Weithin lassen Schwerkranke, wenn man Ohren hat, zu hören, sehr wohl erkennen, daß die Gedanken an ihr Ende mit ihnen umgehen. Es wäre falsch und unchristlich, das dann wegzuwischen und lieber einen vermeintlich positiveren Ton der Ermutigung anzuschlagen. Freilich, das ist dann doch wieder selten, daß dem Seelsorger jemand begegnet wie jene sterbende Mitarbeiterin in der Gemeinde, die ihr Krebsstadium richtig beurteilte und von sich aus zu mir sagte: »Ich weiß, daß ich in Bälde sterben muß; ich bin in Gottes Hand; ich glaube an Jesus Christus.« Oder gar wie jener alte China-Missionar: »Heute muß ich sterben.« Aber in etwas weniger präzisem Grad gehen fast alle mit dem Gedanken um und schlagen das Thema des Todes selbst an. Ich halte dafür, daß der in Jahrzehnten erfahrene Chef einer großen Medizinischen Klinik, ein engagierter katholischer Christ, recht hatte, wenn er auf meine Frage sagte: »Ich glaube, sie wissen es eigentlich alle.« Ob es nun buchstäblich alle sind oder ob es doch etliche gibt, die nichts, rein nichts ahnen und spüren vom nahenden eigenen Ende, das mag offen bleiben. Sicher ist, daß wir in keinem Fall die Worte vom Sterben ausklammern müssen aus unserem seelsorgerlichen Dienst. Wir müssen es nicht, und wir dürfen es nicht.

Die Worte vom Sterben — aber wie? Welches sind nun die Worte, die dem gerade hier gebotenen Dienst der christlichen Liebe einigermaßen gerecht werden? Die rechte Hilfe bei Sterbenskranken besteht zunächst einmal wohl darin, daß wir diejenigen unter ihnen, die bisher schon einen Zugang zum Glauben und zum Gebet hatten, ermutigen, es damit nicht anders zu halten als seither auch: daß sie ihr Morgen- und ihr Abendgebet beten wie sonst auch, sich die Losung des Tages sagen lassen und sich und alles und alle der Gnade Gottes anbefehlen und im übrigen ihre Gedanken auf den einen Satz konzentrieren: Jesus kommt immer näher. Und daß wir als Seelsorger, wenn wir sie besuchen, mit ihnen und über ihnen beten, das ist jetzt oft genug gesagt worden.

Aber da sind eben die nicht wenigen anderen, die wohl auch ihr Ende herankommen fühlen und natürlich innerlich voller Angst sind, die aber ihrerseits kein Wort davon sprechen, keine indirekte Andeutung machen, nichts. Die gibt es auch. Wie sagen wir denen richtig, was nicht ungesagt bleiben darf? Wie bereiten wir sie auf das Sterben und auf den Herrn des letzten Wortes vor? Für mein Teil glaube ich nicht, daß es nur die halbe Wahrheit sei, wenn ich solchen Sterbenden gegenüber im Gewand der dann allerdings oft sehr klaren Choralstrophen und Bibelworte vom nahenden Ende und vom nahenden Herrn das gesagt habe, was die vorgerückte Stunde zu sagen ernstlich gebietet. Mag sein, daß ich auch vorher gesagt habe: »Nicht wahr, Sie wissen selber am besten, daß Sie sehr krank sind, Sie und ich, wir bleiben aber auch in der letzten Not in den Händen Gottes, an der Hand Jesu Christi.« Ob man dies noch sagen kann oder will, hängt auch davon ab, wieweit die Schwäche noch eigene Worte des Pfarrers erträgt — wir sprachen ja oben davon. Sicher ist, daß wir nicht erst in der letzten Stunde das Wort vom Tod, vom Sterben, von der Auferstehung aus dem Tod, von der kommenden, todfreien Welt in den Mund nehmen. Wir reden davon bereits, wenn noch Zeit ist, verflackernde Zeit.

Ich habe mich selbst bei der Vorbereitung vorab an Verse aus dem Gesangbuch gehalten. Schon dazu muß man ja sein eigenes Herz in die Hände nehmen, die Lieder und ebenso die Bibelzitate auszusprechen, mit denen man jetzt nicht mehr zögern darf, obwohl sie mit klaren Worten vom Ende sprechen und von der Hoffnung, die über das Ende hinausreicht. Also: »Laß mich, laß mich hingelangen, da du mich und ich dich ewig werd umfangen.« Oder das schon Erwähnte: »Wollst endlich sonder Grämen aus dieser Welt uns nehmen durch einen sanften Tod. Und wenn du uns genommen, laß uns in Himmel kommen, du unser Herr und unser Gott.« Oder fast eine Strophe wie die andere aus »Wenn mein Stündlein vorhanden ist«, vor allem wohl: »Ich bin ein Glied an deinem Leib, des tröst ich mich von Herzen, von dir ich ungeschieden bleib in Todesnot und Schmerzen. Wenn ich gleich sterb, so sterb ich dir, ein ewigs Leben hast du mir durch deinen Tod erworben.« Und die zwölfte Strophe des Liedes der in Gott Geborgenen: »Mach End, o Herr, mach End mit aller unsrer Not ... so gehen unsre Wege gewiß zum Himmel ein.« Oder immer wieder das Wort aller Zuflucht des Zufluchtslosen: »Dennoch bleibe ich stets an dir, denn du hältst mich bei meiner rechten Hand ... Wenn mir gleich Leib und Seele verschmachtet, so bist du doch, Gott, allezeit meines Herzens Trost und mein Teil.« Es bedarf kaum weiterer Aufzählung. Aber: Wir *müssen* diese Worte auch aussprechen! Das Gewand der Liebe wird nicht zerrissen, wo die bleibenden Worte der Bibel und der Liturgie es zusammenhalten.

Ein paar kleine Hilfsmittel

Noch ein paar Sätze über die kleinen Hilfsmittel der Seelsorge — auch der an den Schwerkranken und Sterbenden. Sie sollten nicht überbewertet werden, aber auch nicht unerwähnt bleiben.

Zu nennen wären in erster Linie die gedruckten Seelsorgehelfer. Sorgsam ausgewähltes Schrifttum, in aller Regel Kleinschrifttum wie Broschüren, Faltblätter und dergleichen können den Dienst des gesprochenen Wortes ergänzen. Dem Kranken selber sind sie nur in jenen Phasen des Krankenlagers hilfreich, in denen die abnehmenden Kräfte noch eine Aufnahme des gelesenen Wortes erlauben. Aber nicht selten sind wir gut beraten, wenn wir dabei besonders auch an Angehörige denken.

Dann: die Hilfe des gesungenen Wortes, des gesungenen Chorals. Natürlich ist es beidemal das gleiche Wort, ob gesprochen oder gesungen. Aber es ist merkwürdig und oft bewegend, zu sehen, wie viel es dem Kranken bedeuten kann, wenn der Besucher — etwa an den Höhepunkten des Kirchenjahrs — auch einmal einen Choral in dem stillen Zimmer anstimmt, zum Beispiel in der Adventszeit: »Wie soll ich dich empfangen« (jede Strophe ist die geeignetste), oder

»Richt unser ganzes Leben allzeit nach deinem Sinn« in den Pfingsttagen, oder eins der vielen tröstlichen Lieder der Weihnachtszeit.

Weiter — mit aller Behutsamkeit angedeutet: die Sache mit den kleinen Gebärden der Liebe. Man kann sich hier freilich buchstäblich »vergreifen«, wenn man als Pfarrer durch eine gutgemeinte, aber ungewünschte Gebärde etwa der Hand etwas Freundliches tun wollte, dann aber spürbar auf inneren Widerstand stößt. Sicher kommt hier auch viel auf das Alter des Besuchers und des Besuchten an und vor allem auf die hoffentlich richtige Einschätzung des Augenblicks. Aber einfach von der Hand zu weisen ist es nicht, wenn man auch als Seelsorger dem einsamen Kranken in der Pflegeabteilung des Altersheims einmal »nur so« über den nassen Kopf streicht. Wie lange mag es vielleicht her sein, daß das ein Mensch bei dem alten Mann da zum letztenmal getan hat?

Und endlich: die Hilfe, die die bloße Anwesenheit bedeutet. Es kann offen bleiben, ob dies hierher unter das kleine Kapitel von den kleinen Hilfsmitteln der Seelsorge gehört oder anderswo seinen Platz hätte. Sicher ist, daß das einfache, überwiegend wortlose Dasein viel bedeuten kann, auch wenn dann noch mehr als ohnehin gilt, daß ordentliche Seelsorge Zeit kostet. Auf keinen Fall darf man es dem Seelsorger anmerken, daß er eigentlich keine Zeit hat. Ein bißchen schematisch gesprochen: Daß ein Krankenhaus- oder Altersheimseelsorger zügigen Schritts vom Auto draußen zum Aufzug eilt und ebenso zügig über die Flure geht, verübelt ihm kaum jemand, eher im Gegenteil. Aber sobald er eine Zimmertür aufmacht, ist alle Eile wie weggeblasen. Da muß er Zeit haben. Sonst hört ihm niemand ernstlich zu. Das Zeithaben ist gerade dann besonders wichtig, wenn der Seelsorger kaum etwas oder gar nichts spricht, also wenn sein bloßes Dasein ein Stück Hilfe sein will. Vor allem gilt das bei Depressiven, wo sich alle Überzeugungskraft, auch solche geistlicher Art, an einer »Mauer aus Tränen« bricht oder an unnahbarer, abweisender Stummheit. Hier kann das einfache Dableiben manchmal der erste Spalt an einer bisher verschlossenen Tür und der erste Anfang zu einer Hilfe sein, auch wenn man auf alle noch so tröstliche Überredung im Augenblick verzichten muß oder wenn höchstens ganz gelegentlich einmal halblaut ein kurzes Wort, vielleicht auch ein Bibelwort in den Raum sickert. »Aber dagewesen ist er!« (Vgl. Hiob 2,11-13.)

Das Abendmahl am Sterbebett

Manchmal kann man in Todesanzeigen katholischer Christen noch den Passus lesen: »... wohlversehen mit den heiligen Sterbesakramenten.« Allerdings sind nach freimütigen Auskünften katholischer Amtsbrüder auch bei ihnen die »Versehgänge« zu Sterbenden selten, mindestens viel seltener geworden. Bei uns ist die Feier des Heiligen Abendmahls Sterbenskranker — mit örtlichen Schwankungen — allmählich so gut wie unbekannt geworden. Noch mehr gilt das von dem fast nur noch in der frommen Literatur von früher vorkommenden Wunsch eines Sterbenden, eine letzte Beichte abzulegen und den Zuspruch der Sündenvergebung, die Absolution, zu empfangen.
Uns geht es hier nicht um ein Lamento über den Zerfall frommer und kirchlicher Sitten, obwohl eben der ja am Tage liegt. Es wird auch wenig Aussicht bestehen,

daran durch irgendwelche kirchliche Maßnahmen oder Angebote oder Appelle in absehbarer Zeit etwas ändern zu können. Aber es wäre schon einiges gewonnen, wenn sich möglichst viele Seelsorger erschrocken an die Brust schlagen und fragen würden: Wie konntest du die da und den dort bloß ohne das Angebot der Absolution und des Abendmahls sterben lassen? Hast du dich schlicht nicht getraut? Vielleicht, weil der Todkranke sich dabei womöglich »etwas gedacht« hätte? Ob es nicht jetzt das wichtigste für ihn gewesen wäre, daß er sich in der Tat angesichts dieses Angebots »etwas gedacht« hätte? Wenn nur wenigstens punktuell hier ein Wandel geschähe und wenn nur wenigstens hier und da wieder ein Mensch mit dem Trost der im Heiligen Abendmahl besiegelten Sündenvergebung sterben würde, dann wäre ein wichtiger Schritt im seelsorgerlichen Dienst an unseren Sterbenden getan.

Denn es ist schon eine verwirrende Umkehrung im Verständnis des Heiligen Abendmahls, die wir heute im Zeichen der wieder steigenden Abendmahlsziffern erleben. Sie steigen tatsächlich und fast allenthalben. Man wird da freilich niemandem unrecht tun, sondern einfach der Statistik (und den Ankündigungen in Gemeindenachrichten usw.) folgen, wenn man davon ausgeht, daß diese an sich erfreuliche Umkehrung im jahrelang, jahrzehntelang schleichenden Niedergang der Abendmahlsbeteiligung vornehmlich auf zwei Faktoren zurückzuführen ist:

Einmal auf die Zunahme der sogenannten »integrierten Abendmahlsfeiern«. Bei dieser in den Predigtgottesdienst einbezogenen Sakramentshandlung ist die Beteiligung auf alle Fälle höher als bei einer vom Gottesdienst abgekoppelten Abendmahlsfeier.

Zum anderen auf ein neues Angebot, das sogenannte Feierabendmahl«. Auch wenn man die denkbar sachgemäße Frage beiseiteläßt, wo und wann denn eine nach der Stiftung Jesu Christi gehaltene Abendmahlsfeier etwa keine »Feier« und also kein »Feierabendmahl« sei, ist um eine Erkenntnis nicht gut herumzukommen: daß diese »Feierabendmahlsfeiern« zumeist mit einem sogenannten Sättigungsmahl verbunden sind, also mit einer regulären gemeinsamen Mahlzeit (wovon der Apostel Paulus den Korinthern dringend abrät: 1. Kor. 11,17-22.34!). Dabei dominiert dann das gemeinschaftsfördernde Moment im Abendmahl derart stark, daß sein eigentlicher Inhalt, nämlich der mit Brot und Wein gegenwärtige Herr, und sein eigentlicher Ertrag, nämlich die Vergewisserung der Vergebung meiner Sünden und die neue Gemeinschaft mit Jesus Christus, demgegenüber merkwürdig zurücktritt.

Der ziffernmäßige Gewinn an Abendmahlsgästen basiert auf einer Überbetonung des menschlichen Gemeinschaftscharakters der Feier, gerade so, als ob das Heilige Abendmahl im wesentlichen nur noch eine brüderliche Mahlzeit sei.

Umgekehrt verliert aber heute die Feier des Heiligen Abendmahls dort erschreckend stark an Boden, wo nicht die Stärkung der Gemeinschaft unter Christen dominiert, sondern wo eindeutig alles darauf ausgerichtet ist, daß uns Christus der Herr »wahrhaftig und gegenwärtig mit Brot und Wein seinen Leib und Blut schenkt und darreicht«, und wo — entscheidend im Leben und ganz dringlich im Sterben — Christus uns darin die Gewißheit gibt, »daß wir haben Verzeihung der Sünden und ein ewiges Leben«. Aber gerade darum muß es doch im Heiligen Abendmahl gehen, gleich, ob im Gemeindegottesdienst oder auf einer Jugendfreizeit oder aber an den Betten der Dahinziehenden: um die Besiegelung der Botschaft von der Begnadigung des Sünders.

Weil wir diese Voraussetzung alles wirklichen Getröstetseins jedem schuldig sind, den wir auf seiner letzten Strecke begleiten, gehört zu diesem Dienst auch das Angebot der Gnadengabe der Beichte und der Absolution und die Einladung zum Heiligen Abendmahl. Aber dann bitte nicht erst, »wenn mein Mund wird kraftlos sein«! Eine Abendmahlsfeier im letzten Augenblick tröstet nicht in der Angst des Sterbens, sondern mehrt diese Angst! Im Krankenhaus und im Altersheim wird der dafür bestellte Seelsorger selbst den richtigen Zeitpunkt im Blick behalten können, besonders dort, wo die Pflegekräfte mit ihm zusammenzuarbeiten bereit sind. Wo ein Mensch zu Hause sterben darf (sofern er eines hat), wird es wohl in unseren Gemeinden einer mühseligen Umgewöhnung, Neugewöhnung der Angehörigen bedürfen, bis wenigstens etliche wieder bereit sein werden, ihren Pfarrer rechtzeitig zu rufen, um mit dem Sterbenden und mit der Familie das Abendmahl zu feiern. Die Schuld an der allmählich umfassenden Entwöhnung tragen unsere Gemeindeglieder nur zum kleinen Teil.

Absolution ohne Beichte?

Es bleibt da noch eine seelsorgerliche Sonderfrage, die so leicht gar nicht zu beantworten ist: Kann es eine Absolution auch ohne Beichte, eine Sündenvergebung auch ohne Sündenbekenntnis geben? Nach dem Neuen Testament wird man darauf mit »nein« antworten müssen. Evangelium heißt nicht, daß mir die Vergebung meiner Sünden nachgeworfen wird. Vergebung wird erbeten, nach Matth. 18,26 und 29 sogar kniefällig erbeten! Dann wird sie, wo es sich um Schuld am Mitchristen handelt, auch gewährt, siebzigmal siebenmal gewährt, und wo es sich um unsere Schuld vor Gott handelt, wird sie dem bußfertigen Sünder feierlich zugesprochen. Aber als Billigware ausgeboten wird weder die eine noch die andere Vergebung. Wer auf die Verpflichtung des anderen, daß der uns doch zu vergeben habe, oder auf die Liebe Gottes, der uns doch angenommen habe, pocht und den anderen bei dieser seiner Christenpflicht behaften oder gar Gott auf seine Liebespflicht der Vergebung festnageln will, der ist schlicht unbußfertig und empfängt die so geforderte Vergebung ganz sicher nicht. Vergebung ist kein Wegwerfartikel, den man sich von Fall zu Fall rasch mal besorgt und nach Gebrauch wegwirft.

Die Bitte um Vergebung der vom Schuldigen selbst beim Namen genannten Sünde geht der Vergebung, die Beichte geht der Lossprechung voraus. Man sollte hier doch einmal die Bibel befragen, zum Beispiel 2. Sam. 12,13; Ps. 51,3; Ps. 38,2-5.19; Spr. 28,13; Klagel. 3,39; Luk. 15,18; 17,3.4; 19,8-11; Apg. 19,18; Jak. 5,16. Von »Schwamm drüber« und daß »wir ja alle mal Fehler machen«, kann dort, wo es präzis um meine Sünde geht, gar keine Rede sein. »Wenn wir aber unsere Sünden bekennen, so ist er treu und gerecht, daß er uns die Sünden vergibt und reinigt uns von aller Untugend« (1. Joh. 1,9). Das müssen wir auch solchen Menschen sagen, die dem Sterben entgegengehen. Darum sollte auch in aller Regel selbst auf dem Sterbebett noch eine Beichtfrage gestellt werden, dann eben in einfachster Form, solange dazu noch Zeit ist.

Aber immer wieder gibt es doch auch die andere Situation: daß der Seelsorger erst dann an ein Sterbebett gerufen wird (oder dorthin geht!), wenn es aufs letzte geht. Dann ist es müßig, zu untersuchen, warum das nicht früher geschah. Da liegt dann ein Mensch in der Anfechtung der Angst vor dem Tod, gewiß auch der Angst vor dem Gericht Gottes. Schon weil die Stimme schwach geworden ist, wäre er nicht mehr in der Lage, ein Sündenbekenntnis abzulegen, aber der inständige Wunsch nach einer tröstenden Zusicherung der Vergebung der Schuld eines Lebens steht ihm in den Augen und auf der feuchten Stirn.
Auch wo solche Merkmale nicht mit Händen zu greifen sind (dies oft sehr buchstäblich, wenn die schwach gewordene Hand des Sterbenden nach der Hand des Seelsorgers greift und sie nicht mehr losläßt), gilt derselbe Auftrag: jetzt das Wort von der Vergebung der Sünden zu sagen und das von Jesus Christus, der alle meine und seine Sünde trägt und vergibt, alle die unzähligen kleinen (?) Sünden und Versäumnisse des Lebens, die manchmal schwerer drücken als die vielleicht an Zahl geringen großen Verfehlungen. Aber dann bedarf es auch der feierlichen Zusicherung der im Angesicht Gottes auf das müde Haupt gelegten Vergebung der Sünden. Für mein Teil habe ich jedenfalls des öfteren die Absolution im Namen des dreieinigen Gottes einem im Sterben liegenden Menschen zugesprochen, weil der Seelsorger ja wohl dort, wo kein Raum mehr ist für die Beichte und für die Darreichung des Abendmahls, um so mehr der Gültigkeit der Heiligen Taufe trauen und dem Getauften sagen darf, daß Gott ihm durch die Taufe »ein gnädiger Gott wolle sein und verzeihe ihm alle Sünden aus lauter Gnade von wegen Jesu Christi und nehme ihn auf

an Kindes Statt und zum Erben aller himmlischen Güter«.

Auch wo die Schwachheit des Leibes und der Seele sehr groß geworden ist, nimmt es der Sterbende wohl immer noch auf — vielleicht wie ein Verdurstender den Trunk Wasser —, wenn der Pfarrer oder, wenn dieser nicht erreichbar ist, ein anderer Christ ihm zuspricht:

»Barmherzig und gnädig ist der HERR, geduldig und von großer Güte . . . So hoch der Himmel über der Erde ist, läßt er seine Gnade walten über denen, die ihn fürchten. So fern der Morgen ist vom Abend, läßt er unsere Übertretungen von uns sein. Wie sich ein Vater über Kinder erbarmt, so erbarmt sich der HERR über die, die ihn fürchten.«

Er wird dann anfügen: »Ehre sei dem Vater und dem Sohne und dem Heiligen Geiste, wie es war im Anfang, jetzt und immerdar und von Ewigkeit zu Ewigkeit. Amen.«

Dann spricht er dem Sterbenden die Absolution zu: »Im Vertrauen auf die Barmherzigkeit Gottes und kraft des Befehles unseres Herrn Jesu Christi verkündige ich dir (als ein verordneter Diener am göttlichen Wort) die Gnade Gottes und die Vergebung aller deiner Sünde — im Namen des Vaters und des Sohnes und des Heiligen Geistes. Amen.«

Oder: »Kraft des Befehles, den der Herr Jesus Christus seiner Kirche gegeben hat, verkündige ich dir (als ein verordneter Diener der christlichen Kirche) die Gnade Gottes und spreche dich frei, ledig und los von allen deinen Sünden — im Namen des Vaters und des Sohnes und des Heiligen Geistes. Amen.«

In jedem Fall machen wir bei der Nennung des Namens Jesu das Zeichen des Kreuzes über dem Angesicht des Sterbenden. Und vielleicht kann der, der diesen vorletzten Dienst getan hat, nach einer Pause sich noch ein wenig über den Sterbenden beugen und anfügen: »Jetzt ist Jesus ganz da. Jetzt bleibt Jesus ganz da.«

Der Dienst in der Sterbestunde

Mit dem letzten Dienst müssen wir warten, bis nach menschlichem Erkennen der Tod ins Zimmer tritt, in einer Stunde oder am anderen Tag oder »diese Nacht« (Luk. 12, 20). Wir treffen Vorsorge, daß wir dann aber auch bestimmt gerufen werden, ganz gleich, zu welcher Stunde des Tages oder der Nacht.
Der Seelsorger trägt dann auch dafür Sorge, daß keinerlei Gespräche mehr im Sterbezimmer geführt werden, am allerwenigsten über den Sterbenden selber. Über die sogenannte Bewußtlosigkeit eines im Sterben Liegenden (die man medizinisch natürlich beschreiben kann) hat sich sicher jeder erfahrene Seelsorger schon lange seine eigenen Gedanken gemacht. Ich habe mich nie durch Bewußtseinstrübung oder Bewußtlosigkeit (?) des Sterbenden davon abhalten lassen, den letzten Dienst zu tun, wenn es darum ging, daß ein Mensch mit Gottes Wort sterben kann.
Einmal, weil das Ohr ziemlich sicher das letzte Sinnesorgan ist, das mit seinem Dienst aufhört, wohlgemerkt auch dann, wenn der auf den Tod daniederliegende Mensch vorher schwerhörig war. Zum anderen, weil es mit Sicherheit auch durch den Schleier der Bewußtlosigkeit hindurch Sickerkanäle zur Seele gibt, auf denen Gottes einfachste und in dieser Stunde größte Worte die Seele des Sterbenden erreichen. Man muß nicht alles nachweisen können, um an dieser äußersten Grenze einer Sache sicher zu sein.

Dann hat nur noch Gottes Wort das Sagen. Wir sprechen langsam, und wir sprechen besonders jetzt mit deutlichen Pausen. Es eilt nichts mehr. Wir mögen beginnen mit dem Kyrie: »Herr, erbarme dich; Christe, erbarme dich; Herr, erbarme dich unser.« Dann kann in Abständen noch einmal eine Reihe von Bibelworten folgen — wir geben sie jetzt nur noch einmal mit den Bibelstellen an[1]: Ps. 23, 1 und 4; Ps. 73, 23-26; Jes. 43, 1; Joh. 3, 16; Joh. 14, 27; Röm. 14, 8; Ps. 31, 6. Mehr tut kaum not. Als Gebet folgt am besten wieder: »Herr Jesu, dir leb ich ...« — oder »Ich bin ein Glied an deinem Leib ...« (EKG 313, 3). Und: nie ohne ein letztes Vaterunser! — so wie auch bei allen vorangegangenen Besuchen das Vaterunser immer gebetet wurde.
Wenn der Pfarrer das Haus verlassen muß, ehe der Tod eingetreten ist, segnet er den Sterbenden ein letztesmal und spricht unter Handauflegung:
»Der Gott aller Gnade, der dich berufen hat zu seiner ewigen Herrlichkeit in Christus Jesus, der wolle dich, der du eine kleine Zeit leidest, vollbereiten, stärken, kräftigen, gründen. Er nehme dich auf in sein himmlisches Reich. Ihm sei Ehre und Macht von Ewigkeit zu Ewigkeit. Amen.«
Und zu den Anwesenden im Sterbezimmer gewandt:
»Der Friede des Herrn sei mit euch allen. Amen.«
Wenn der Pfarrer bis zum Ende dableibt, spricht er im Angesicht des Sterbens unter Handauflegung den »Valetsegen«. Es gibt dafür verschiedene Formen[2]. Eine davon lautet:
»Es segne dich Gott, der Vater, der dich nach seinem

[1] Vgl. den Anhang, S. 72ff.
[2] Anhang S. 93

Ebenbild geschaffen hat. Es segne dich Gott, der Sohn, der dich durch sein Leiden und Sterben erlöst hat. Es segne dich Gott, der Heilige Geist, der dich zu seinem Tempel bereitet und geheiligt hat.
Der treue und barmherzige Gott wolle sein Werk an dir, das er in der Heiligen Taufe begonnen hat, in Ewigkeit vollenden. Er geleite dich durch seine Engel in das Reich, da seine vollendete Gemeinde ihn ewiglich preist. Unser Herr Jesus Christus sei bei dir, daß er dich beschütze. Der Heilige Geist sei in dir, daß er dich erquicke.
Der heilige dreieinige Gott (hier machen wir wieder das Kreuzeszeichen) sei dir gnädig im Gericht und bewahre dich zum ewigen Leben. Amen.«

Wenn der Tod eingetreten ist, kann die dritte Strophe des Liedes: »Herzlich lieb hab ich dich« (EKG 247), gebetet werden: »Ach Herr, laß dein lieb Engelein am letzten End die Seele mein in Abrahams Schoß tragen . . .« Dann kann der 90. Psalm bis Vers 12 gelesen und gebetet und danach mit dem Jesuswort Joh. 11,25f. »Christus spricht: Ich bin die Auferstehung und das Leben . . .« geschlossen werden — oder (und) mit dem Votum:
»Der Herr hat's gegeben, der Herr hat's genommen, der Name des Herrn sei gelobt.
Der Herr schenke ihm die ewige Ruhe und das ewige Licht leuchte ihm. Der Friede des Herrn sei mit euch allen. Amen.«

Unser Dienst mit Gottes Wort am Sarg wird sich in der Regel nach einigen Tagen noch anschließen. Die Handreichung dafür gehört aber nicht mehr in den Rahmen der vorliegenden kleinen Schrift.

Der Tod am Unfallort

Die Häufung einer besonderen Gestalt der Todesnot in unserer Zeit, nämlich das Sterben am Ort eines tödlich verlaufenden Unfalls, liegt uns schwer auf der Seele. Nicht nur, weil in den meisten Fällen kraß am Tage liegt: Diese Lebenszeit war für unser Auge noch nicht erfüllt; das hätte nicht geschehen müssen!, sondern fast noch mehr deshalb, weil dazu ein Seelsorger fast nie gerufen wird. Neben dem Martinshorn der Polizei und des Notarztwagens hat die leise Stimme des Pfarrers offenbar keinen Platz, keine Funktion mehr; er hält bloß das vielleicht tatsächlich noch rettende Verfahren auf.

Wenn unsereiner wenigstens eine Stola trüge! Ein katholischer Priester wird wohl eher noch geholt als der nächste evangelische Pfarrer. Wir sollten aber hier nicht zu viel beklagen wollen. Der seelsorgerliche Dienst im Krankenhaus kann in der Tat dann schnell einsetzen. Niemand würde die Verantwortung tragen wollen, daß die Abfahrt des Rettungswagens durch ein Gebet an Ort und Stelle unheilvoll verzögert wird.

Wo es sich aber dennoch einmal so fügen sollte, daß ein Pfarrer am Unfallort zur Stelle ist, ehe die Ambulanz da ist und wo er mit rettender Erster Hilfe an dem auf der Straße oder in der Werkshalle im Sterben Liegenden so wenig mehr ausrichten kann wie die anderen Umstehenden (sie sind immer da!), da kniet er neben dem Verunglückten nieder und spricht:

»Im Namen Gottes des Vaters und des Sohnes und des Heiligen Geistes. So spricht der Herr: Fürchte dich nicht, denn ich habe dich erlöst; ich habe dich bei deinem Namen gerufen; du bist mein.

Es erbarme sich deiner der barmherzige Herr. Er sei dir

gnädig im Gericht und verzeihe dir alle deine Sünde. Er helfe dir aus zu seinem ewigen Reich. — Begehrst du solches von Herzen, so sprich mit mir: Amen.« Daran schließt sich das Vaterunser und der Valetsegen an. Wo der Tod noch an Ort und Stelle eintritt, wird über dem Toten der Segen gesprochen: »Der Herr schenke ihm die ewige Ruhe, und das ewige Licht leuchte ihm. Amen.« Danach mag der Pfarrer mit vernehmbarer Stimme, also unter Einbeziehung der Umstehenden, beten: »Wenn ich einmal soll scheiden ...«

Wenn der Verunglückte beim Eintreffen des Pfarrers schon tot ist, gilt sein kurzer Dienst vorab den am Unfallort Anwesenden. Nach dem trinitarischen Votum (»Im Namen des Vaters ...«) wird ein Bibelwort gesprochen, etwa: »Leben wir, so leben wir dem Herrn; sterben wir, so sterben wir dem Herrn ...« (Röm. 14,8), und danach das Vaterunser gebetet. Zum Mitbeten sollte ausdrücklich aufgefordert werden, ohne falsche Rücksicht auf etwaige Negativreaktionen bei den Zuschauern. Dann schließt der Pfarrer auch hier mit dem Satz: »Der Herr schenke ihm die ewige Ruhe, und das ewige Licht leuchte ihm. Amen.«

Zur Seelsorge an den Trauernden

Die Seelsorge an denen, die durch den Tod eines Menschen in Trauer versetzt worden sind, gehört nicht mehr unmittelbar zu den Aufgaben, die diesem Büchlein hier unter seiner Überschrift: »Gottes Wort — Geleit im Sterben« gestellt sind. Wie man nach dem Tod eines Nächsten, oft eines Allernächsten, mit Gottes Wort weiterleben kann, ist ein anderes Kapitel. Aber oft genug beginnt diese Seelsorge an den Hinterbliebenen noch im Sterbezimmer oder im kleinen Aussegnungsraum des Altenheims. Darum sei doch wenigstens das hier noch angemerkt, daß wir nicht wüßten, wie anders die Seelsorge an den Hinterbliebenen geschehen sollte, als dadurch, daß sie den Traurigen aus Gottes Wort den Tröster zeigt, den, der »euch trösten will, wie einen seine Mutter tröstet« (Jes. 66, 13) und der seine Boten sendet, »zu trösten alle Trauernden« (Jes. 61, 2). Und daß in der zweiten Seligpreisung (Matth. 5, 4) nach dem Urtext mit denen, »die da Leid tragen«, ausdrücklich die gemeint sind, die den Tod eines nächsten Menschen beklagen, das sollte so wenig übersehen werden wie die Verheißung, daß der Trost aus Gottes Wort zu den Gaben und Zeichen des Himmelreiches gehört. Ganz eindeutig wird das vollends im 1. Thessalonicherbrief (4, 18), daß der Trost, der über den Tod hinaussehen lehrt, »mit diesen Worten« geschieht, nämlich mit den Worten von der »Zukunft des Herrn« (4, 15), also von der Christenhoffnung, die über den Abschied und über den Tod hinaus zielt.

Weil Seelsorge an Trauernden aber keine andere

Aufgabe und keine anderen Möglichkeiten hat, als mit Gottes Wort so zu trösten, daß Menschen dann mit Gottes Wort weiterleben können, darum unterscheidet sich christliche, kirchliche Seelsorge an Hinterbliebenen auch dezidiert von den Methoden, für die man das sich kalt anfühlende Wort von der »Trauerarbeit« geschaffen hat. Es geht dabei aber weniger um die emotionelle Beurteilung der Vokabel, als vielmehr um die Grundtatsache, daß dieser Versuch einer Bewältigung der Trauer »Arbeit« sein soll, also eine Leistung des Menschen. Eben das ist ein tief unevangelisches Verständnis des Umgangs mit der Trauer. Weil aber Seelsorge eine besondere Form der Predigt des Evangeliums ist, darf man sich mit diesem entgegengesetzten Weg nicht einlassen. Seelsorge oder Trauerarbeit, das ist ein Entweder-Oder. Dabei spielt es keine Rolle, ob man unter »Trauerarbeit« die Aufgabe des kirchlichen Beraters von Hinterbliebenen (oder wie man diesen Fachmann nun nennen will) versteht, der nach dem Bestattungsunternehmer als »Trauerarbeiter« ins Haus kommt, oder ob man damit mehr die Mühe der Trauernden selbst umschreiben will, die mit ihrer Traurigkeit allmählich und zwar in geordneten Phasen fertig werden müssen. In beiden Fällen erschrickt man zwar auch über diese von den Psychologen rubrizierten »Phasen« der Traurigkeit, die offenkundig wohl beachtet werden müssen und nicht durcheinandergebracht werden dürfen, aber mehr noch über die Verlagerung des Trostes vom Trost Gottes auf »sachgemäße« Bemühungen von Menschen. Von dieser Umkehrung der guten Botschaft, die das Werk Christi zu einem Werk des Menschen verändert, kann sich die christliche Kirche und können sich christliche Seelsorger nicht klar genug distanzieren.

Mit solcher Trauerarbeit, gleich, wem sie zu vollbringen nun aufgelastet wird, hat Seelsorge nichts zu tun. Wer das evangelische »allein aus Gnaden, allein durch Jesus Christus, allein mit der Heiligen Schrift« auch im Dienst an den Trauernden predigt, der kann nicht derlei psychotherapeutische Techniken anwenden, schon gar nicht unter dem Vorwand, es handle sich bei solcher Trauerarbeit ja nur um den Gebrauch moderner psychologischer Methoden, nicht aber um die Einbringung anderer Inhalte. Denn in den neuen Gefäßen steckt immer auch ein neuer, fremder Inhalt. Hier gilt eben auch in umgekehrter Anwendung, daß in neuen Schläuchen auch neuer Most ist. Sie sind nicht je für sich zu haben, sondern man wird erkennen, daß sie immer »beide miteinander« existieren und wirken (Matth. 9, 17).
Darum ist auch die Seelsorge an Hinterbliebenen dann christliche Seelsorge, wenn sie lehrt, mit Gottes Wort weiterzuleben: im Wort der Heiligen Schrift, in der oft so seltsam persönlichen Anrede durch das Tageswort im Losungsbüchlein, gewiß auch im überlieferten Trostwort von Menschen, denen Gott durch alles Dunkel hindurch Kraft zum Weiterleben mit seinem Wort gegeben und ein Licht auf ihrem Weg entzündet hat (Ps. 119, 105).

Seelsorge an der eigenen Seele

Ganz zum Schluß seien noch ein paar Worte darüber angefügt, daß auch der Seelsorger Seelsorge braucht. Natürlich gilt das für die ganze Breite seines Dienstes, aber insonderheit für seinen Dienst an den Todkranken und Sterbenden. Denn er sieht ja in dieser Situation am deutlichsten, daß auch er einer von den morituri ist, einer von denen, die dahingehen. Das Gebet, das für einen jeden Christenmenschen gilt, gilt besonders dringlich für den Seelsorger derer, die vor dem Tor der Ewigkeit stehen: »Hilf, daß ich mit diesem Morgen geistlich auferstehen mag und für meine Seele sorgen, daß, wenn nun dein großer Tag uns erscheint und dein Gericht, ich davor erschrecke nicht.«

». . . und für meine Seele sorgen . . .«, das wird im Lauf der Jahre nicht leichter, sondern schwerer, weil das Gepäck schwerer geworden ist, das die eigene Seele dem großen Tag entgegentragen muß. Gerade der Seelsorger weiß (hoffentlich!) um die Fülle der Lasten des eigenen Lebens, vornehmlich der eigenen Schuld und Sünde und davon, daß er wie jeder Sünder nur bekennen kann: »Ach, mein Herr Jesu, wenn ich dich nicht hätte . . .!« Hier kann jetzt freilich nicht das ganze Feld der Seelsorge am Seelsorger abgeschritten werden. In aller gebotenen Beschränkung soll nur davon noch die Rede sein, was angesichts des Dienstes an den Sterbenden zur Seelsorge an der eigenen Seele gehören wird. Daß durch die wenigen schlichten Ratschläge die eigene »Rückblende« überall hindurchscheint — wer wollte das verwunderlich finden?

Zum ersten: Vor dem Gang in die Zimmer der Sterbenden — im Hospital sind das zumeist besonders kahle Räume — sammelt sich der Seelsorger im Gebet. Daß das manchmal nicht geschieht, bedarf dringend der Vergebung, auf die auch Pfarrer und Seelsorger in ihrem Dienst angewiesen sind. Aber es ist etwas nicht in Ordnung, wo das kaum einmal oder nie geschieht. Wohl dem, der vor dem Weggehen noch daheim die Zeit und die Ruhe findet, sich im Gebet auf seinen Dienst vorzubereiten. Wo das — sicher nicht allzu selten — nicht möglich ist, da ist das stille Gebet im Auto auf dem Parkplatz des Altersheims immer noch weit besser als gar keines. Manchmal ist auch der Griff in die Rocktasche, wo das nun schon mehrfach erwähnte Losungsbüchlein steckt, eine Wegzehrung für die Fahrt im Aufzug in die oberen Stockwerke mit den Pflegeabteilungen. Aber ungesammelt sollten wir kein Zimmer betreten, vor dessen Tür der Tod wartet.

Zum zweiten: In sein Abendgebet schließt der Seelsorger am Ende seines Tages auch und besonders die Kranken und Dahinsiechenden und Sterbenden ein. Das ist zwar vor allem die uns aufgetragene Fürbitte, aber es gehört auch zur Seelsorge am eigenen Ich, wenn man spürt, wie man dabei selbst mit denen in eine Reihe tritt, deren Namen man vor Gott ausspricht, die Namen derer, denen man helfen möchte, sich fertig zu machen für die letzte Reise. Im voraus höre ich den Aufruf des eigenen Namens, wenn ich die Namen derer vor Gott bringe, die ihrem letzten Ziel wohl sehr nahe sind. Darum kommt es auf die Nennung der Namen schon ein wenig an, auch wenn das Gebet dann manchmal lang wird. Aber wer hat denn gesagt, daß es auch dabei schnell gehen müsse?

Zum dritten: Über seine Besuche und über das, was er dabei für Erfahrungen macht, schweigt der Seelsorger. Nicht nur über das, was ihm einmal etwa gebeichtet worden ist — darauf ist er ohnehin verpflichtet —, nicht nur über das, was ihm »in Ausübung der Seelsorge« anvertraut worden ist, wie es im amtlichen Sprachgebrauch wohl heißt. Nein, er schweigt gänzlich. Solche Besuche sind kein Gesprächsthema, mehr noch: Persönliche Seelsorgeerfahrungen sind überhaupt keines. Das bedeutet ein klares und scharfes Nein zu den heute Mode gewordenen unseligen »Fallbesprechungen«. Es sind eben keine »Fälle«, mit denen es der Seelsorger zu tun hat, sondern Menschen, zu allermeist bedrückte und beladene Menschen, nicht erst auf dem Sterbelager. Da genügt es auch nicht, wenn man — hoffentlich wenigstens das! — Namen, Daten, Orte dabei nicht nennt. Solche Halbverschwiegenheit genügt nicht. Es geht ja hier nicht um Datenschutz!
Es ist vielmehr eine der schweren Erfahrungen in der Seelsorge, daß dann, wenn wir über einen »Fall« auch noch so anonym sprechen (womöglich noch im Sinn einer ganz reputierlichen Erfolgsmeldung), der betreffende Mensch an seiner Seele Schaden nimmt. Und zwar ganz unabhängig davon, ob er von unserer peinlichen Gesprächigkeit und Fallbesprechungs-Beflissenheit etwas erfährt oder nicht. Das ist eine schwer oder gar nicht erklärbare Tatsache: daß mein Reden der Seele des anderen, über dessen »Fall« ich gesprochen habe, Schaden zufügt. Ich kann das biblisch nicht begründen und will es auch nicht anderweitig versuchen. Aber ich konstatiere mit der nötigen eigenen Erschrokkenheit, daß es so ist. Der Seelsorger schweigt, schweigt durchaus und ganz.
Dennoch sei hier noch eine Anmerkung gewagt: Ob der

Seelsorger dann manche Last der Erlebnisse, der Gesichter in den Kissen, der miterlebten Ängste alle selber und also immer allein tragen müsse, das ist eine schwere Frage. Manchmal hat einer wirklich selbst einen Seelsorger, sogar einen Beichtvater. Dann ist es klar, daß hier, aber nur hier der Ort ist, einmal davon zu sprechen.

Mit sehr großer Vorsicht sei aber die keineswegs automatisch beantwortete Frage angesprochen, ob einer über das, was ihn da umtreibt, mit seiner eigenen Frau sprechen könne. Die Antwort, die keinesfalls für alle gleich ausfallen kann, wird wohl so heißen: Wo in jahrzehntelanger Erfahrung (!) erwiesen ist, daß noch nie ein Wort über ein solches Zwiegespräch nach außen drang, da wird wohl von diesem Seelsorger und seiner Frau in sehr besonderer Weise gelten: »... und werden die zwei *ein* Fleisch sein« — also *eine* Person sein.

Zum vierten: Seelsorge an Sterbenskranken geschieht immer im Blick darauf, daß sie ein Dienst unter dem Ticken der ablaufenden Uhr, der zergehenden Frist ist und daß jede Frist ein Ende hat, auch die Frist des Seelsorgers selbst. »Mein Gott, ich bitt durch Christi Blut: mach's nur mit meinem Ende gut!«, das geht einem beim Rückweg durch die Korridore und die Krankenhaus-Tiefgarage jedesmal durch Kopf und Herz. Und wenn wir dann bald darauf den letzten Dienst der Kirche tun, den am Grab, muß ich immer fragen: Und wenn demnächst ich selber dort unten im Sarg liege? Unter dem Ernst der Frist zu leben, das gehört insonderheit zur Seelsorge an der eigenen Seele.

Letztens: Wohl kein Seelsorger entgeht lebenslang jener Tiefe der Anfechtung, wie sie in der unerhörten Szene am Ende der Dostojewski-Legende vom Großinquisitor den Glauben anspringt. Da ist der neunzigjährige Großinquisitor nun um Mitternacht in die Kerkerzelle des wieder auf die Erde gekommenen und alsbald vom Inquisitor verhafteten Herrn getreten und herrscht ihn an: »Was bist du gekommen, uns zu stören?« Und dann klagt er den gefangenen und von ihm schon zum Tod auf dem Scheiterhaufen bestimmten Herrn in harten und hadernden Worten an und wirft ihm vor, welche grundlegenden Fehler er damals gemacht habe, als er über die Erde ging und vom Reich Gottes predigte — kristallisiert in seinen großen »Fehlentscheidungen« gegenüber den drei Versuchungen des Satans in der Wüste. Wir haben gutzumachen versucht, was du falsch gemacht hast, — das ist der Grundton der Anklage des Großinquisitors.

Wer als Prediger des Evangeliums und gerade auch als Seelsorger noch nie angefochten war von der Angst, daß das am Ende gar keine Selbstdemaskierung eines zutiefst antichristlichen Priestertums, keine Fratze einer bösartigen klerikalen Herrschaftsapparatur über die Seelen der Menschen sei, sondern daß das, was der steinalte Inquisitor da dem Herrn entgegenschleudert, am Ende die Wahrheit sein könne, der hat noch nie erfahren, was Anfechtung ist.

Wo wäre denn der Seelsorger, nicht nur der an Sterbebetten, aber doch gerade auch der, den bei seinem Dienst im Trostamt der Kirche noch nie die Frage angekrochen hätte: Und wenn es nun so wäre? Wenn es wirklich so wäre, wie es diesem spanischen Großinquisitor als schrilles und zugleich triumphierendes Selbstbekenntnis einer die Seelen betrügenden und knechtenden Kirche in den Mund gelegt wird?

»Wir werden ihnen das stille Glück, den Frieden der schwächlichen Menschen geben, zu dem sie auch geschaffen sind ... Wir werden sie von ihren Sünden lossprechen, denn sie sind schwach und erbärmlich, und sie werden uns lieben wie Kinder dafür, daß wir ihnen die Sünden erlauben ... Die Strafen aber für ihre Sünden werden wir auf uns nehmen. So wird es sein. Wir werden selber die Sünde tragen, und sie werden uns verehren als ihre Wohltäter, weil wir vor Gott ihre Sünden auf uns nehmen ... Alle werden sie glücklich sein, alle diese Millionen von Untertanen, alle mit Ausnahme von den Hunderttausenden, die über sie herrschen; wir allein werden unglücklich sein ... Im Frieden werden sie sterben, stille verlöschen, mit deinem Namen auf den Lippen — und jenseits des Grabes nur den Tod finden. Wir aber werden das Geheimnis hüten und zu ihrem Heil sie locken zu himmlischer, ewiger Belohnung ... Und wir, die wir die Sünde zu deren Glück auf uns genommen haben, wir werden uns vor dir erheben und sagen: Richte uns, wenn du es kannst und wagst!«

Ist etwa das in Wirklichkeit unser Tun als Seelsorger, gerade in der Seelsorge an Sterbenden? — so bohrt der böse Geist der Anfechtung. Gerade da bedarf der Seelsorger besonders dringend der Seelsorge für die eigene Seele, und kaum einmal je gilt so wie hier die Inständigkeit der Bitte: »... so tritt du dann herfür!« Und: »Erscheine mir zum Schilde, zum Trost in meiner Not und laß mich sehn dein Bilde ...!«

Die Antwort und also den Erweis der Treue Gottes, der »macht, daß die Versuchung so ein Ende gewinne, daß ihr's könnet ertragen« (1. Kor. 10, 13), empfangen aber auch seine Diener am Wort nicht auf dem Weg rettender visionärer Erleuchtungen oder dadurch, daß ihnen ein Engel zur Tröstung erschiene, sondern immer aus und in diesem Wort, im Wort Gottes. Das ist so —

ob nun der Seelsorger für sich selbst einen Seelsorger findet, aus dessen Worten ihm in gegenseitiger brüderlicher Tröstung neue Antwort zufließt, oder ob ihm in der Stille der eigenen Seele und des eigenen Kämmerleins allmählich die dunkle Decke wieder von den Augen weggenommen wird. So oder so ist es immer die Antwort aus dem Wort, aus Gottes Wort.

Freilich: Wohl kaum einmal lernt der Angefochtene — oft mit Schmerzen — so ernstlich die Wahrheit der Bibelworte vom »Harren« kennen. Das Dunkel des Zweifels verschwindet höchst selten so schnell, wie es gekommen ist, und höchst selten für immer. Es ist schon so wie im 130. Psalm: »Ich harre des Herrn, meine Seele harret, und ich hoffe auf sein Wort« — also auf sein *Wort* und nicht auf ein noch so zeichenhaftes Wunder. Oft genug braucht dieses Harren auf die Antwort darum seine Zeit. Aber »die auf den Herrn harren, kriegen neue Kraft«, auch die, die in der Tiefe angefochten waren vom grollenden und bitteren Triumph des Großinquisitors. Sie erfahren, daß sie mit Gottes Wort dennoch leben, überleben. Das gilt auch für diejenigen, die zum Dienst an Sterbenden berufen sind. Durch Gottes Wort sollen die Todkranken *und* ihre Seelsorger in den Tod geleitet werden — und zur Auferstehung der Toten.

Denn dieses Wort ist die Wahrheit — allein dieses Wort.

ANHANG
Bibelworte, Choralstrophen, Segensworte

Zum Eingang eines seelsorgerlichen Besuchs

Gal. 1,3
Gnade sei mit euch und Friede von Gott, unsrem Vater, und dem Herrn Jesus Christus.

1. Petr. 1,3 (4-9)
Gelobt sei Gott, der Vater unsres Herrn Jesus Christus, der uns nach seiner großen Barmherzigkeit wiedergeboren hat zu einer lebendigen Hoffnung durch die Auferstehung Jesu Christi von den Toten,
(zu einem unvergänglichen und unbefleckten und unverwelklichen Erbe, das behalten wird im Himmel für euch, die ihr aus Gottes Macht durch den Glauben bewahrt werdet zur Seligkeit, welche bereit ist, daß sie offenbar werde zu der letzten Zeit. Darüber freuet euch, die ihr jetzt eine kleine Zeit, wenn es sein soll, traurig seid in mancherlei Anfechtungen, auf daß euer Glaube rechtschaffen und viel köstlicher erfunden werde als das vergängliche Gold, das durchs Feuer bewährt wird, zu Lob, Preis und Ehre, wenn offenbart wird Jesus Christus. Ihn habt ihr nicht gesehen und habt ihn doch lieb; und nun glaubt ihr an ihn, wiewohl ihr ihn nicht sehet, und freuet euch mit unaussprechlicher und herrlicher Freude, die ihr das Ziel eures Glaubens davonbringt, nämlich der Seelen Seligkeit.)

Ps. 23, 1-4
Der HERR ist mein Hirte, mir wird nichts mangeln. Er weidet mich auf einer grünen Aue und führet mich zum frischen Wasser. Er erquicket meine Seele. Er führet mich auf rechter Straße um seines Namens willen. Und ob ich schon wanderte im finstern Tal, fürchte ich kein Unglück; denn du bist bei mir, dein Stecken und Stab trösten mich.

Ps. 31, 6
In deine Hände befehle ich meinen Geist; du hast mich erlöst, HERR, du treuer Gott.

Ps. 68, 20.21
Gelobt sei der Herr täglich. Gott legt uns eine Last auf, aber er hilft uns auch. Wir haben einen Gott, der da hilft, und den HERRN, der vom Tode errettet.

Ps. 73, 23-26
Dennoch bleibe ich stets an dir; denn du hältst mich bei meiner rechten Hand, du leitest mich nach deinem Rat und nimmst mich am Ende mit Ehren an. Wenn ich nur dich habe, so frage ich nichts nach Himmel und Erde. Wenn mir gleich Leib und Seele verschmachtet, so bist du doch, Gott, allezeit meines Herzens Trost und mein Teil.

Ps. 103, 3.4
Lobe den HERRN, meine Seele, der dir alle deine Sünde vergibt und heilet alle deine Gebrechen, der dein Leben vom Verderben erlöst, der dich krönet mit Gnade und Barmherzigkeit.

Ps. 103, 8-10
Barmherzig und gnädig ist der HERR, geduldig und von großer Güte. Er handelt nicht mit uns nach unsern Sünden und vergilt uns nicht nach unsrer Missetat. Denn so hoch der Himmel über der Erde ist, läßt er seine Gnade walten über denen, die ihn fürchten. So fern der Morgen ist vom Abend, läßt er unsre Übertretungen von uns sein. Wie sich ein Vater über Kinder erbarmt, so erbarmt sich der HERR über die, die ihn fürchten.

Jes. 41, 10
Fürchte dich nicht, ich bin mit dir, weiche nicht, denn ich bin dein Gott. Ich stärke dich, ich helfe dir auch, ich halte dich durch die rechte Hand meiner Gerechtigkeit.

Jes. 43, 1
Fürchte dich nicht, denn ich habe dich erlöst; ich habe dich bei deinem Namen gerufen; du bist mein!

Jer. 31, 3
Ich habe dich je und je geliebt, darum habe ich dich zu mir gezogen aus lauter Güte.

Klagel. Jer. 3, 22-24
Die Güte des HERRN ist's, daß wir nicht gar aus sind; seine Barmherzigkeit hat noch kein Ende, sondern sie ist alle Morgen neu, und deine Treue ist groß. Der HERR ist mein Teil, spricht meine Seele; darum will ich auf ihn hoffen.

Matth. 11, 28
Kommet her zu mir alle, die ihr mühselig und beladen seid; ich will euch erquicken. Nehmet auf euch mein

Joch und lernet von mir; denn ich bin sanftmütig und von Herzen demütig; so werdet ihr Ruhe finden für eure Seelen.

Joh. 3, 16
Also hat Gott die Welt geliebt, daß er seinen eingeborenen Sohn gab, auf daß alle, die an ihn glauben, nicht verloren werden, sondern das ewige Leben haben.

Joh. 10, 27.28
Meine Schafe hören meine Stimme, und ich kenne sie, und sie folgen mir, und ich gebe ihnen das ewige Leben, und sie werden nimmermehr umkommen, und niemand wird sie aus meiner Hand reißen.

Joh. 11, 25.26
Ich bin die Auferstehung und das Leben. Wer an mich glaubt, der wird leben, ob er gleich stürbe; und wer da lebet und glaubet an mich, der wird nimmermehr sterben.

Joh. 14, 27
Den Frieden lasse ich euch, meinen Frieden gebe ich euch. Nicht gebe ich euch, wie die Welt gibt. Euer Herz erschrecke nicht und fürchte sich nicht.

Röm. 8, 35.37-39
Wer will uns scheiden von der Liebe Gottes? Trübsal oder Angst oder Verfolgung oder Hunger oder Blöße oder Fährlichkeit oder Schwert? Aber in dem allem überwinden wir weit durch den, der uns geliebet hat. Denn ich bin gewiß, daß weder Tod noch Leben, weder Engel noch Fürstentümer noch Gewalten, weder Gegenwärtiges noch Zukünftiges, weder Hohes noch

Tiefes noch keine andere Kreatur kann uns scheiden von der Liebe Gottes, die in Christus Jesus ist, unserm Herrn.

Röm. 14,8
Leben wir, so leben wir dem Herrn, sterben wir, so sterben wir dem Herrn. Darum: wir leben oder sterben, so sind wir des Herrn.

Phil. 1,6b
Der in euch angefangen hat das gute Werk, der wird's auch vollführen bis an den Tag Jesu Christi.

1. Petr. 1,18.19
Wisset, daß ihr nicht mit vergänglichem Silber oder Gold erlöst seid von eurem eitlen Wandel nach der Väter Weise, sondern mit dem teuren Blut Christi als eines unschuldigen und unbefleckten Lammes.

1. Joh. 1,2
Das Leben ist erschienen, und wir haben gesehen und bezeugen und verkündigen euch das Leben, das ewig ist, welches war bei dem Vater und ist uns erschienen.

1. Joh. 5,4
Alles, was von Gott geboren ist, überwindet die Welt; und unser Glaube ist der Sieg, der die Welt überwunden hat.

Choralstrophen (Gebetsstrophen)

1. allgemein

EKG 120, 5.6
O Jesu, hilf zur selben Zeit von wegen deiner Wunden, daß ich im Buch der Seligkeit werd angezeichnet funden; daran ich denn auch zweifle nicht; denn du hast ja den Feind gericht' und meine Schuld bezahlet.

Derhalben mein Fürsprecher sei, wenn du nun wirst erscheinen, und lies mich aus dem Buche frei, darinnen stehn die Deinen, auf daß ich samt den Brüdern mein mit dir geh in den Himmel ein, den du uns hast erworben.

EKG 122, 9
O Jesu, meine Wonne, komm bald und mach dich auf; geh auf, erwünschte Sonne, und fördre deinen Lauf! O Jesu, mach ein Ende und führ uns aus dem Streit; wir heben Haupt und Hände nach der Erlösungszeit.

EKG 208, 4-6
Ach bleib mit deinem Segen bei uns, du reicher Herr; dein Gnad und alls Vermögen in uns reichlich vermehr.

Ach bleib mit deinem Schutze bei uns, du starker Held, daß uns der Feind nicht trutze noch fäll die böse Welt.

Ach bleib mit deiner Treue bei uns, mein Herr und Gott; Beständigkeit verleihe, hilf uns aus aller Not!

EKG 241, 8
Von allem Übel uns erlös; es sind die Zeit und Tage bös. Erlös uns vom ewigen Tod und tröst uns in der letzten

Not. Bescher uns auch ein seligs End, nimm unsre Seel in deine Händ.

EKG 250, 3
Der Grund, da ich mich gründe, ist Christus und sein Blut; das machet, daß ich finde das ewge, wahre Gut. An mir und meinem Leben ist nichts auf dieser Erd; was Christus mir gegeben, das ist der Liebe wert.

EKG 297, 8
Kann uns doch kein Tod nicht töten, sondern reißt unsern Geist aus viel tausend Nöten, schließt das Tor der bittern Leiden und macht Bahn, da man kann gehn zu Himmelsfreuden.

EKG 297, 11.12
Herr, mein Hirt, Brunn aller Freuden, du bist mein, ich bin dein, niemand kann uns scheiden. Ich bin dein, weil du dein Leben und dein Blut mir zugut in den Tod gegeben; du bist mein, weil ich dich fasse und dich nicht, o mein Licht, aus dem Herzen lasse. Laß mich, laß mich hingelangen, da du mich und ich dich leiblich werd umfangen.

EKG 313, 1
Wenn mein Stündlein vorhanden ist und soll hinfahrn mein Straße, so g'leit du mich, Herr Jesu Christ, mit Hilf mich nicht verlasse. Mein Seel an meinem letzten End befehl ich dir in deine Händ; du wollst sie mir bewahren.

EKG 316, 1.7
Christus, der ist mein Leben, Sterben ist mein Gewinn; dem tu ich mich ergeben, mit Fried fahr ich dahin.

An dir laß gleich den Reben mich bleiben allezeit und ewig bei dir leben in Himmelswonn und -freud.

EKG 318, 3
In meines Herzens Grunde dein Nam und Kreuz allein funkelt all Zeit und Stunde, drauf kann ich fröhlich sein. Erschein mir in dem Bilde zu Trost in meiner Not, wie du, Herr Christ, so milde dich hast geblut' zu Tod.

EKG 319, 6
Drum, Herr Christ, du Morgensterne, der du ewiglich aufgehst, sei von mir jetzund nicht ferne, weil mich dein Blut hat erlöst. Hilf, daß ich mit Fried und Freud mög von hinnen fahren heut; auch sei du mein Licht und Straße, mich mit Beistand nicht verlasse.

EKG 319, 8
Freu dich sehr, o meine Seele, und vergiß all Not und Qual, weil dich nun Christus, dein Herre, ruft aus diesem Jammertal. Seine Freud und Herrlichkeit sollst du sehn in Ewigkeit, mit den Engeln jubilieren, ewig, ewig triumphieren.

EKG 326, 7.11
Mein Heimat ist dort droben, da aller Engel Schar den großen Herrscher loben, der alles ganz und gar in seinen Händen träget und für und für erhält, auch alles hebt und leget, nach dem's ihm wohlgefällt.
Du aber, meine Freude, du meines Lebens Licht, du zeuchst mich, wenn ich scheide, hin vor dein Angesicht ins Haus der ewgen Wonne, da ich stets freudenvoll gleich als die helle Sonne nebst andern leuchten soll.

EKG 330, 2
Jesus, er mein Heiland, lebt! Ich werd auch das Leben schauen, sein, wo mein Erlöser schwebt; warum sollte mir denn grauen? Lässet auch ein Haupt sein Glied, welches es nicht nach sich zieht?

EKG 331, 1
Wer weiß, wie nahe mir mein Ende! Hin geht die Zeit, her kommt der Tod. Ach wie geschwinde und behende kann kommen meine Todesnot! Mein Gott, ich bitt durch Christi Blut: Machs nur mit meinem Ende gut!

EKG 349, 5
Leucht uns selbst in jener Welt, du verklärte Gnadensonne; führ uns durch das Tränenfeld in das Land der süßen Wonne, da die Lust, die uns erhöht, nie vergeht.

EKG 361, 3
Der Tag ist nun vergangen, die güldnen Sternlein prangen am blauen Himmelssaal; also werd ich auch stehen, wann mich wird heißen gehen mein Gott aus diesem Jammertal.

EKG 361, 8
Breit aus die Flügel beide, o Jesu, meine Freude, und nimm dein Küchlein ein. Will Satan mich verschlingen, so laß die Englein singen: »Dies Kind soll unverletzet sein.«

EKG 368, 5.6
Gott, laß uns dein Heil schauen, auf nichts Vergänglichs trauen, nicht Eitelkeit uns freun. Laß uns einfältig werden und vor dir hier auf Erden wie Kinder fromm und fröhlich sein.

Wollst endlich sonder Grämen aus dieser Welt uns nehmen durch einen sanften Tod; und wenn du uns genommen, laß uns in Himmel kommen, du unser Herr und unser Gott.

EKG 539, 9
Amen, amen! In dem Namen meines Jesu halt ich still; es geschehe und ergehe, wie und wann und was er will!

EKG 576, 3
Jesus Christ, du nur bist unsrer Hoffnung Licht; stell uns vor und laß uns schauen jene immer grünen Auen, die dein Wort verspricht.

EKG 576, 4
Ewigkeit, in die Zeit leuchte hell hinein, daß uns werde klein das Kleine und das Große groß erscheine, selge Ewigkeit!

2. für den Gang des Kirchenjahres

Advent

EKG 10, 1
Wie soll ich dich empfangen und wie begegn ich dir, o aller Welt Verlangen, o meiner Seelen Zier? O Jesu, Jesu, setze mir selbst die Fackel bei, damit, was dich ergötze, mir kund und wissend sei.

EKG 10, 3
Was hast du unterlassen zu meinem Trost und Freud, als Leib und Seele saßen in ihrem größten Leid? Als mir das Reich genommen, da Fried und Freude lacht, da

bist du, mein Heil, kommen und hast mich froh gemacht.

EKG 10,4
Ich lag in schweren Banden, du kommst und machst mich los; ich stand in Spott und Schanden, du kommst und machst mich groß und hebst mich hoch zu Ehren und schenkst mir großes Gut, das sich nicht läßt verzehren, wie irdisch Reichtum tut.

EKG 10,6
Das schreib dir in dein Herze, du hochbetrübtes Heer, bei denen Gram und Schmerze sich häuft je mehr und mehr; seid unverzagt, ihr habet die Hilfe vor der Tür; der eure Herzen labet und tröstet, steht allhier.

EKG 10,8
Auch dürft ihr nicht erschrecken vor eurer Sündenschuld; nein, Jesus will sie decken mit seiner Lieb und Huld. Er kommt, er kommt den Sündern zum Trost und wahren Heil, schafft, daß bei Gottes Kindern verbleib ihr Erb und Teil.

EKG 402,3
Aller Trost und alle Freude ruht in dir, Herr Jesu Christ. Dein Erfreuen ist die Weide, da man satt und fröhlich ist. Leuchte mir, o Freudenlicht, ehe mir mein Herze bricht. Laß mich, Herr, an dir erquicken; Jesu, komm, laß dich erblicken.

Weihnachten

EKG 28,3
Ich lag in tiefster Todesnacht, du warest meine Sonne, die Sonne, die mir zugebracht Licht, Leben, Freud und

Wonne. O Sonne, die das werte Licht des Glaubens in mir zugericht', wie schön sind deine Strahlen!

EKG 29, 7
Schönstes Kindlein in dem Stalle, sei uns freundlich, bring uns alle dahin, da mit süßem Schalle dich der Engel Heer erhöht.

Jahreswechsel

EKG 42, 8.9.13.14
Laß ferner dich erbitten, o Vater und bleib mitten in unserm Kreuz und Leiden ein Brunnen unsrer Freuden.

Gib mir und allen denen, die sich von Herzen sehnen nach dir und deiner Hulde, ein Herz, das sich gedulde.

Hilf gnädig allen Kranken; gib fröhliche Gedanken den hochbetrübten Seelen, die sich mit Schwermut quälen.

Und endlich, was das meiste: füll uns mit deinem Geiste, der uns hier herrlich ziere und dort zum Himmel führe.

EKG 45, 6
Der du allein der Ewge heißt und Anfang, Ziel und Mitte weißt im Fluge unsrer Zeiten: bleib du uns gnädig zugewandt und führe uns an deiner Hand, damit wir sicher schreiten!

Epiphanias

EKG 410, 7
Wie freu ich mich, Herr Jesu Christ, daß du der Erst und Letzte bist, der Anfang und das Ende! Du, der sein

Leben für mich ließ, nimmst mich einst in dein Paradies; drauf faß ich deine Hände. Amen, Amen! Komm, o Sonne, meine Wonne, bleib nicht lange, daß ich ewig dich umfange.

EKG 49, 5
Du wollst dich mein erbarmen, in dein Reich nimm mich auf; dein Güte schenk mir Armen und segne meinen Lauf. Mein' Feinden wollst du wehren, dem Teufel, Sünd und Tod, daß sie mich nicht versehren: rett mich aus aller Not.

Passion

EKG 55, 1
O Lamm Gottes, unschuldig am Stamm des Kreuzes geschlachtet, allzeit funden geduldig, wiewohl du warest verachtet: all Sünd hast du getragen, sonst müßten wir verzagen. Erbarm dich unser, o Jesu. (Gib uns den Frieden, o Jesu.)

EKG 61, 3
Was kann mir denn nun schaden der Sünden große Zahl? Ich bin bei Gott in Gnaden, die Schuld ist allzumal bezahlt durch Christi teures Blut, daß ich nicht mehr darf fürchten der Höllen Qual und Glut.

EKG 62, 8
Wenn endlich ich soll treten ein in deines Reiches Freuden, so soll dein Blut mein Purpur sein, ich will mich darein kleiden; es soll sein meines Hauptes Kron, in welcher ich will vor den Thron des höchsten Vaters gehen und dir, dem er mich anvertraut, als eine wohlgeschmückte Braut an deiner Seite stehen.

EKG 66, 6

Laß deine Wunden sein die Heilung unsrer Sünden, laß uns auf deinen Tod den Trost im Tode gründen. O Jesu, laß an uns durch dein Kreuz, Angst und Pein dein Leiden, Kreuz und Angst ja nicht verloren sein.

EKG 413, 5

Auf dich setz ich mein Vertrauen, du bist meine Zuversicht; dein Tod hat den Tod zerhauen, daß er mich kann töten nicht. Daß ich an dir habe teil, bringet mir Trost, Schutz und Heil; deine Gnade wird mir geben Auferstehung, Licht und Leben.

EKG 421, 4

Ich bin dein; sprich du darauf ein Amen! Treuster Jesu, du bist mein! Drücke deinen süßen Jesusnamen brennend in mein Herz hinein! Mit dir alles tun und alles lassen, in dir leben und in dir erblassen, das sei bis zur letzten Stund unser Wandel, unser Bund.

Ostern

EKG 79, 4-6

Er ist erstanden von dem Tod, hat überwunden alle Not; kommt, seht, wo er gelegen hat. Halleluja.
Nun bitten wir dich, Jesu Christ, weil du vom Tod erstanden bist, verleihe, was uns selig ist. Halleluja,
damit von Sünden wir befreit dem Namen dein gebenedeit frei mögen singen allezeit: Halleluja.

EKG 86, 6

Ich hang und bleib auch hangen an Christo als ein Glied; wo mein Haupt durch ist gangen, da nimmt er mich auch mit. Er reißet durch den Tod, durch Welt, durch Sünd, durch Not; er reißet durch die Höll, ich bin stets sein Gesell.

EKG 86, 8
Er bringt mich durch die Pforten, die in den Himmel führt, daran mit güldnen Worten der Reim gelesen wird: Wer dort wird mit verhöhnt, wird hier auch mit gekrönt; wer dort mit sterben geht, wird hier auch mit erhöht.

Himmelfahrt

EKG 96, 8 und 8a
Zwar auch Kreuz drückt Jesu Glieder hier auf kurze Zeiten nieder, und das Leiden geht zuvor; nur Geduld, es folgen Freuden, nichts kann sie von Jesu scheiden, und ihr Haupt zieht sie empor.
Ihnen steht ein Himmel offen, welcher über alles Hoffen, über alles Wünschen ist. Die geheiligte Gemeine weiß, daß eine Zeit erscheine, da sie ihren König grüßt.

Pfingsten

EKG 99, 4
Du höchster Tröster in aller Not, hilf, daß wir nicht fürchten Schand noch Tod, daß in uns die Sinne nicht verzagen, wenn der Feind wird das Leben verklagen. Kyrieleis.

Vom Sterben reden (zu S. 45ff.)

1. Schriftworte

Phil. 1,21
Christus ist mein Leben, und Sterben ist mein Gewinn.

2. Kor. 5,1.2a
Denn wir wissen: wenn unser irdisch Haus, diese Hütte, zerbrochen wird, so haben wir einen Bau von Gott erbaut, ein Haus, nicht mit Händen gemacht, das ewig ist, im Himmel. Denn darum seufzen wir auch und sehnen uns danach.

2. Tim. 4,18
Der Herr aber wird mich erlösen von allem Übel und mir aushelfen zu seinem himmlischen Reich. Ihm sei Ehre von Ewigkeit zu Ewigkeit.

Hebr. 13,14
Denn wir haben hier keine bleibende Stadt, sondern die zukünftige suchen wir.

Offb. 14,13b
Selig sind die Toten, die in dem Herrn sterben von nun an. Ja, der Geist spricht, daß sie ruhen von ihrer Arbeit; denn ihre Werke folgen ihnen nach.

2. Choralstrophen

EKG 61,8
Laß endlich deine Wunden mich trösten kräftiglich in meiner letzten Stunden und des versichern mich: weil ich auf dein Verdienst nur trau, du werdest mich annehmen, daß ich dich ewig schau.

EKG 63, 9.10

Wenn ich einmal soll scheiden, so scheide nicht von mir; wenn ich den Tod soll leiden, so tritt du dann herfür; wenn mir am allerbängsten wird um das Herze sein, so reiß mich aus den Ängsten kraft deiner Angst und Pein.

Erscheine mir zum Schilde, zum Trost in meinem Tod und laß mich sehn dein Bilde in deiner Kreuzesnot. Da will ich nach dir blicken, da will ich glaubensvoll dich fest an mein Herz drücken. Wer so stirbt, der stirbt wohl.

EKG 69, 5

Herr Jesu, deine Angst und Pein und dein betrübtes Leiden laß meine letzte Zuflucht sein, wenn ich von hier soll scheiden. Ach hilf, daß ich durch deinen Tod fein sanft beschließe meine Not und selig sterbe! Amen.

EKG 89, 6

Jesus lebt! Nun ist der Tod mir der Eingang in das Leben. Welchen Trost in Todesnot wird er meiner Seele geben, wenn sie gläubig zu ihm spricht: Herr, Herr, meine Zuversicht!

EKG 105, 13

Richt unser ganzes Leben allzeit nach deinem Sinn; und wenn wir's sollen geben ins Todes Rachen hin, wenn's mit uns hier wird aus, so hilf uns fröhlich sterben und nach dem Tod ererben des ewgen Lebens Haus.

EKG 179, 6

Herr, meinen Geist befehl ich dir; mein Gott, mein Gott weich nicht von mir, nimm mich in deine Hände. O wahrer Gott, aus aller Not hilf mir am letzten Ende.

EKG 279, 4
Ja, Herr Jesu, bei dir bleib ich so in Freude wie in Leid; bei dir bleib ich, dir verschreib ich mich für Zeit und Ewigkeit. Deines Winks bin ich gewärtig, auch des Rufs aus dieser Welt; denn der ist zum Sterben fertig, der sich lebend zu dir hält.

EKG 247, 3
Ach Herr, laß dein lieb' Engelein an meinem End die Seele mein in Abrahams Schoß tragen. Der Leib in seim Schlafkämmerlein gar sanft ohn einge Qual und Pein ruh bis zum Jüngsten Tage. Alsdann vom Tod erwecke mich, daß meine Augen sehen dich in aller Freud, o Gottes Sohn, mein Heiland und mein Gnadenthron. Herr Jesu Christ, erhöre mich, erhöre mich! Ich will dich preisen ewiglich.

EKG 294, 12
Mach End, o Herr, mach Ende mit aller unsrer Not; stärk unsre Füß und Hände und laß bis in den Tod uns allzeit deiner Pflege und Treu empfohlen sein, so gehen unsre Wege gewiß zum Himmel ein.

EKG 368, 5.6
Gott, laß uns dein Heil schauen, auf nichts Vergänglichs trauen, nicht Eitelkeit uns freun. Laß uns einfältig werden und vor dir hier auf Erden wie Kinder fromm und fröhlich sein.
Wollst endlich sonder Grämen aus dieser Welt uns nehmen durch einen sanften Tod; und wenn du uns genommen, laß uns in Himmel kommen, du unser Herr und unser Gott.

EKG 313, 3
Ich bin ein Glied an deinem Leib, des tröst ich mich von

Herzen; von dir ich ungeschieden bleib in Todesnot und Schmerzen. Wenn ich gleich sterb, so sterb ich dir; ein ewigs Lebens hast du mir mit deinem Tod erworben.

Beichte und Absolution (zu S. 53f.)

1. Sündenbekenntnis

Ich armer Sünder bekenne vor Gott, meinem himmlischen Vater, daß ich schwer und auf vielfache Weise gesündigt habe, nicht allein mit offenkundigen und groben Sünden, sondern auch mit innerer Blindheit, Unglauben, Zweifel und Kleinmut; mit Ungeduld, Überheblichkeit und bösen Begierden; mit Geiz, Neid, Mißgunst und Haß und mit manch anderer Bosheit meines Wesens. Das alles erkennt mein Herr und Gott an mir viel besser, als ich es erkennen kann. Meine Sünden reuen mich und sind mir leid, und ich bitte von Herzen Gnade von Gott durch seinen lieben Sohn Jesus Christus. Amen.

Ps. 51,3.4.11-14
Gott, sei mir gnädig nach deiner Güte, und tilge meine Sünden nach deiner großen Barmherzigkeit. Wasche mich rein von meiner Missetat, und reinige mich von meiner Sünde.
Verbirg dein Antlitz vor meinen Sünden, und tilge alle meine Missetat. Schaffe in mir, Gott, ein reines Herz, und gib mir einen neuen, beständigen Geist. Verwirf mich nicht von deinem Angesicht, und nimm deinen heiligen Geist nicht von mir. Erfreue mich wieder mit deiner Hilfe, und mit einem willigen Geist rüste mich aus.

Ps. 139, 1b-4.7

HERR, du erforschest mich und kennest mich. Ich sitze oder stehe auf, so weißt du es; du verstehst meine Gedanken von ferne. Ich gehe oder liege, so bist du um mich und siehst alle meine Wege. Denn siehe, es ist kein Wort auf meiner Zunge, das du, HERR, nicht schon wüßtest.
Wohin soll ich gehen vor deinem Geist, und wohin soll ich fliehen vor deinem Angesicht?

Ps. 139, 23.24

Erforsche mich, Gott, und erkenne mein Herz, prüfe mich und erkenne, wie ich's meine. Und sieh, ob ich auf bösem Wege bin, und leite mich auf ewigem Wege.

1. Joh. 1, 6.7

Wenn wir sagen, daß wir Gemeinschaft mit ihm haben, und wandeln in der Finsternis, so lügen wir und tun nicht die Wahrheit. Wenn wir aber im Licht wandeln, wie er im Licht ist, so haben wir Gemeinschaft untereinander, und das Blut Jesu Christi, seines Sohnes, macht uns rein von aller Sünde.

8.9

Wenn wir sagen, wir haben keine Sünde, so verführen wir uns selbst, und die Wahrheit ist nicht in uns. Wenn wir aber unsre Sünden bekennen, so ist er treu und gerecht, daß er uns die Sünden vergibt und reinigt uns von aller Untugend.

EKG 166, 2

Mein Sünd' sind schwer und übergroß und reuen mich von Herzen; derselben mach mich quitt und los durch deinen Tod und Schmerzen und zeig mich deinem Vater an, daß du hast gnug für mich getan, so werd ich los der Sünden Last. Herr, halt mir fest, was du mir zugesprochen hast.

2. Absolution

Wie du glaubest, so geschehe dir.
Der allmächtige Gott hat sich deiner erbarmt, und durch seinen lieben Sohn Jesus Christus vergibt er dir alle deine Sünden. Und als verordneter Diener der christlichen Kirche verkündige ich dir die Gnade Gottes und die Vergebung aller deiner Sünden — im Namen Gottes des Vaters und des Sohnes und des Heiligen Geistes. Amen.

Wie du glaubest, so geschehe dir.
Kraft des Befehles, den der Herr seiner Kirche gegeben hat, spreche ich dich frei, ledig und los: Dir sind deine Sünden vergeben.
Im Namen Gottes des Vaters und des Sohnes und des Heiligen Geistes. Amen.

Danach oder davor mag noch eine Choralstrophe gesprochen werden, zum Beispiel:

EKG 268, 1.3
Jesus nimmt die Sünder an. Saget doch dies Trostwort allen, welche von der rechten Bahn auf verkehrten Weg verfallen! Hier ist, was sie retten kann: Jesus nimmt die Sünder an.
Wenn ein Schaf verloren ist, suchet es ein treuer Hirte; Jesus, der uns nie vergißt, suchet treulich das Verirrte, daß es nicht verderben kann: Jesus nimmt die Sünder an.

Zum Abschluß des seelsorgerlichen Dienstes

1. Abschluß eines der regelmäßigen Besuche (Segensworte)

Ps. 121, 7.8
Der HERR behüte dich vor allem Übel, er behüte deine Seele. Der HERR behüte deinen Ausgang und Eingang von nun an bis in Ewigkeit.

2. Kor. 13, 13
Die Gnade unsres Herrn Jesus Christus und die Liebe Gottes und die Gemeinschaft des heiligen Geistes sei mit uns allen!

Phil. 4, 7
Der Friede Gottes, welcher höher ist als alle Vernunft, bewahre eure Herzen und Sinne in Christus Jesus!

1. Thess. 5, 23 (24)
Der Gott des Friedens heilige euch durch und durch, und euer Geist ganz samt Seele und Leib müsse bewahrt werden unversehrt, unsträflich auf die Ankunft unsers Herrn Jesus Christus. (Getreu ist er, der euch ruft; er wird's auch tun.)

1. Petr. 5, 10.11
Der Gott aller Gnade, der euch berufen hat zu seiner ewigen Herrlichkeit in Christus, der wird euch, die ihr eine kleine Zeit leidet, vollbereiten, stärken, kräftigen, gründen. Sein ist die Macht von Ewigkeit zu Ewigkeit! Amen.

2. Abschluß des letzten Besuchs: Der Valetsegen (zu S. 57f.)

Wenn der Pfarrer das Haus verlassen muß, ehe der Tod eintritt, legt er dem Sterbenden die Hand auf und spricht:
Der Gott aller Gnade, der dich berufen hat zu seiner ewigen Herrlichkeit in Christus Jesus, der wird dich, der du eine kleine Zeit leidest, vollbereiten, stärken, kräftigen, gründen. Ihm sei Ehre und Macht von Ewigkeit zu Ewigkeit. Amen.

Wenn der Pfarrer in der Sterbestunde anwesend ist, so spricht er unter Handauflegung den Valetsegen:
Es segne dich Gott der Vater, der dich nach seinem Ebenbild geschaffen hat. Es segne dich Gott der Sohn, der dich durch sein Leiden und Sterben erlöst hat. Es segne dich Gott der Heilige Geist, der dich zu seinem Tempel bereitet und geheiligt hat.
Der treue und barmherzige Gott wolle dich durch seine Engel geleiten in das Reich, da seine Auserwählten ihn ewiglich preisen. Unser Herr Jesus sei bei dir, daß er dich beschütze. Der Heilige Geist sei in dir, daß er dich erquicke.
Der Dreieinige Gott sei dir gnädig im Gericht und bewahre dich zum ewigen Leben. Amen.

Oder:
Zieh hin, lieber Bruder (liebe Schwester), aus dieser Welt im Namen Gottes des Vaters, der dich geschaffen hat. Zieh hin im Namen Jesu Christi, unseres Herrn, der dich durch seinen bitteren Tod erlöst hat. Zieh hin im Namen des Heiligen Geistes, des Trösters, der dich im Wasserbad der Heiligen Taufe geheiligt hat.

Zieh hin unverzagt. Gott sei dir gnädig im Gericht, und seine heiligen Engel mögen dich geleiten in sein ewiges Reich. Amen.

Oder:
Wir befehlen dich, lieber Bruder (liebe Schwester), der Barmherzigkeit des allmächtigen Gottes. Er hat dich geschaffen und zum Leben erweckt. Darum vertrauen wir dich ihm an, wenn er dich jetzt aus diesem Leben heimholt.
Vor der Hölle Pein bewahre dich Christus, der für dich die Pein des Kreuzes erlitten hat.
Vor dem ewigen Tode bewahre dich Christus, der für dich den Tod erduldet hat.
Er spreche dich los von allen deinen Sünden und nehme dich auf in die auserwählte Schar zu seiner Rechten.
Er lasse dich schauen das Angesicht Gottes und gebe dir Anteil an der himmlischen Seligkeit, auf daß du teilhabest am Lobpreis der Engel von Ewigkeit zu Ewigkeit. Amen.

Zu den Angehörigen gewendet, spricht der Pfarrer:
Der Herr schenke ihm die ewige Ruhe, und das ewige Licht leuchte ihm. Der Friede des Herrn sei mit euch allen. Amen.